CATALOGUE
DES LIVRES

DE LA BIBLIOTHÉQUE

DE FEU M. CAPPERONNIER,

L'UN DES CONSERVATEURS DES LIVRES IMPRIMÉS DE LA
BIBLIOTHÉQUE DU ROI;

*Dont la Vente se fera le lundi 21 mai 1821, et
jours suivants, à six heures très précises de
relevée, en l'une des salles de l'Hôtel de Bul-
lion, rue J. J. Rousseau, n° 3.*

*Les Adjudications seront faites par M. HUSSON, Commissaire-
Priseur, rue Saint-Antoine, n° 200.*

A PARIS,

Chez DE BURE frères, Libraires du Roi et de la Bibliothéque
du Roi, rue Serpente, n° 7.

1821.

ORDRE DES VACATIONS.

On pourra voir les Livres tous les jours, depuis une heure jusqu'à trois.

Tous les livres seront vendus pour complets. On pourra les collationner pendant les deux heures d'exposition ; mais une fois sortis de la salle de Vente, on ne les reprendra sous aucun prétexte.

Les articles rares et précieux, etc. qui se trouveroient dans les 25 premiers numéros de la vacation seront vendus à la fin.

Les Livres seront exposés dans l'ordre qui suit :

Première vacation, le lundi 21 mai 1821.

Théologie ..... nᵒˢ	1 — 10
Sciences et Arts...	64 — 75
Belles-Lettres	193 — 240
Histoire.	714 — 743

2ᵉ vacation, mardi 22.

Sciences et Arts...	76 — 87
Théologie	11 — 20
Belles-Lettres.....	241 — 288
Histoire.	744 — 773

3ᵉ vacation, mercredi 23.

Sciences et Arts...	88 — 99
Théologie	21 — 30
Belles-Lettres....	289 — 336
Histoire.	774 — 803

4ᵉ vacation, jeudi 24.

Sciences et Arts...	100 — 111
Théologie	31 — 40
Histoire.	804 — 833
Belles-Lettres	337 — 384

5ᵉ vacation, vendredi 25.

Théologie	41 — 50
Histoire.	834 — 866
Sciences et Arts...	112 — 123
Belles-Lettres.....	385 — 428

6ᵉ vacation, samedi 26 mai 1821.

Jurisprudence....	51 — 63
Sciences et Arts...	124 — 135
Histoire.	867 — 896
Belles-Lettres.....	429 — 472

7ᵉ vacation, lundi 28.

Sciences et Arts...	136 — 147
Belles-Lettres	473 — 524
Histoire.	897 — 931

8ᵉ vacation, mardi 29.

Sciences et Arts ..	148 — 159
Belles-Lettres....	525 — 576
Histoire.	932 — 966

9ᵉ vacation, mercredi 30.

Sciences et Arts..	160 — 171
Belles-Lettres ...	577 — 628
Histoire	967 — 1001

10ᵉ vacation, vendredi 1ᵉʳ juin 1821.

Sciences et Arts.	172 — 183
Histoire.	1002 — 1037
Belles-Lettres...	629 — 680

11ᵉ et dernière vacation, samedi 2 juin 1821.

Sciences et Arts.	184 — 192
Belles-Lettres ..	681 — 713
Histoire. ...:...	1038 — 1093

On vendra, au commencement des vacations, des Livres qui n'ont pas été portés sur le Catalogue.

Montant

Montant des vacations.   acheté !

1.er vacation — — — — 918..65.
2.de — — — — — — — — 897.80
                        ——————
                       1816..45
3.e — — — — — — — —   994.50
                        ——————
                       2810..95
4.e — — — — — — —   732..90
                        ——————
                       3543..85.
5.e — — — — — — —   850.45.
                        ——————
                       4394 30
6.e — — — — — — —   746

3. C.

tro piqué.

7: quat. ae⁺

Servais
pierre

Voannet.

Dabins

pierre

Dr:
Dabin

giraux

CATALOGUE

DES LIVRES

De Feu M. CAPPERONNIER.

THÉOLOGIE.

1. Biblia sacra. *Parisiis*, 1705, 8 *vol. in-18. v. b.*
2. La Sainte Bible, trad. en françois, par Le Gros. *Cologne*, 1739, *in-12. v. b.*
3. Nov. Testamentum, gr. *Lutetiæ, Rob. Stephanus*, 1569, *in-12. vél. l. r.*
4. Novum Jesu Christi Testamentum. *Parisiis, Barbou*, 1785, *in-12. v. m.*
5. Apparatus Biblicus, sive manuductio ad sacram scripturam, auct. Lamy. *Lugduni*, 1696, *in-8. fig. v. b.*
6. Commentaire littéral sur l'ancien et le nouveau Testament, par de Carrières. *Paris*, 1745, 5 *vol. in-12. v. b.*
7. Is. Abarbenelis Commentarius in prophetas priores, hebraïce. *Lipsiæ*, 1686, *in-fol. v. b.*
8. Traité de la situation du Paradis terrestre, par Huet. *Paris*, 1691, *in-12. fig. v. b.*
9. Moyse considéré comme législateur et comme moraliste, par M. de Pastoret. *Paris*, 1788, *in-8. v. éc.*
10. Cérémonies des grandes et petites Messes, par l'abbé Banier. *Paris*, 1806, *in-12. fig. v. éc.*
11. L'office de la quinzaine de Pâques, latin-françois. *Paris*, 1768, *in-12. m. r.*

A

12. Prières pour le matin. Les sept Pseaumes de la
  pénitence , etc. *in-12. m. vert, dent.*
    Manuscrit moderne sur Vélin, avec des miniatures ; ce livre
    curieux a tous les encadremens des pages découpés avec des
    emporte-pièces. Toutes celles où sont les miniatures au nombre
    de 70 , dont 12 très-petites, sont également découpées dans la
    partie où il n'y a pas de peintures. Elles sont intercalées de pa-
    piers de couleur qui font ressortir les découpures ; on trouve
    sur plusieurs la lettre L , et sur d'autres les lettres M. et A , avec
    des fleurs de lys. Les miniatures sont ordinairement peintes des
    deux côtés des feuillets. On a coupé un feuillet sur lequel se
    trouvoit une miniature.

13. L'Apologétique et les prescriptions de Tertu-
  lien , en lat. et en franç. trad. par de Gourcy.
  Paris , 1780, *in-12. v. m.*

14. L. C. Lactantii Opera. *Cantab*. 1685, *in-8. v. b.*

15. Gregorii Nazianzeni opuscula, gr. et lat. *Paris.*
  1575 , *in-8. vél. l. r.*

16. Sanctus Augustinus de Civitate Dei, cum comment. L. Vivis. *Lugd.* 1580, 2 *vol. in-8. v. r.*

17. La Cité de Dieu de saint Augustin , trad. en
  françois. *Paris*, 1737, 4 *vol. in-12. v. b.*

18. Divi Aur. Augustini Confessiones. *Parisiis*,
  1776, *in-18. v. éc.*

19. Les Confessions de saint Augustin , en lat. et
  en franç. (trad. par Dom Jacques Martin.) *Paris*,
  1741, 2 *vol. in-8. v. m.*

20. De Statu mortuorum et resurgentium liber,
  auct. Th. Burnetio. *Londini*, 1723, *in-4. v. m.*
    Édition dont on a tiré un très-petit nombre d'exemplaires.

21. Dissertations sur l'union de la religion, de la
  morale, et de la politique, par Warburton.
  Londres, 1742, 2 *vol. in-12. v. m.* = Lettres sur
  les Spectacles, par Desprez de Boissy. *Paris*,
  1777, 2 *vol. in-12. v. m.*

22. Recueil d'un très-grand nombre de Sermons
  Manuscrits sur différens sujets, et pour les différentes fêtes de l'année. *In-4. en cahiers.*

giroux.

13. Rol. Bal.

p.

potcy

servain

potcy

p.

girçax

21. of.

Dabin

23. Boil. trol.
24. trol.

32. and.

mequignon jr
idem

p.
p.
p.
giroux
servoin

nauton

p.

pierre

potey

pipon

p.

23. Sermons du P. Bourdaloue. *Paris, Rigaud,*
    1716, 15 *vol. in-*12. *v. m.*
24. Sermons de Massillon. *Paris,* 1745, 15 *vol. in-*12.
    v. f. et v. m.
25. Sermons du P. Cheminais. *Paris,* 1741, 3 *vol.*
    in 12. *v. b.*
26. Les petits Prônes, ou Instructions familières,
    par Girard. *Lyon,* 1760, 4 *vol. in-*12. *bas.*
27. Conférences ecclésiastiques du diocèse d'An-
    gers. *Avignon,* 1749, 20 *vol. in-*12. *v. b.*
28. De Imitatione Christi, lib. iv, edente N. Beau-
    zée. *Parisiis, Barbou,* 1788, *in-*32. *m. r.*
29. Idem opus. *Parisiis, Barbou,* 1789, *in-*12. *fig.*
    v. m.
30. Idem Opus, edente Lambinet. *Parisiis,* 1810,
    *in-*12. *br. Pap. Vél.*
31. Les quatre livres de l'Imitation de Jésus-Christ,
    trad. par Beauzée. *Paris, Barbou,* 1788, *in-*12.
    fig. v. m.
32. Le même ouvrage. *Paris, Barbou,* 1801, *in-*12.
    fig. v. porph.
33. Imitation de Jésus-Christ, trad. par l'abbé
    Valart. *Paris, Barbou,* 1802, *in-*18. *v. porph.*
34. Pensées de Pascal, sur la religion. *Amst.* 1701,
    *in-*12. *v. f.* = Nov. Jesu Christi Testamentum.
    Bruxellis, 1696, *in-*12. *v. b.*
35. De l'Importance des opinions religieuses, par
    Necker. *Paris,* 1788, *in-*8. *v. j.*
36. La Religion chrétienne démontrée par la ré-
    surrection de Jésus-Christ, par H. Ditton, trad.
    de l'anglois. *Paris,* 1729, *in-*4. *v. b.*
37. Traité de la Vérité de la religion chrétienne,
    par J. Abbadie. *La Haye,* 1741, 4 *vol. in-*12. *v. b.*
38. Traité de la Vérité des livres du vieux et du
    nouv. Testament, par Jaquelot. *Amst.* 1752,
    2 *vol. in-*12. *m. r.*

20. 15   39. Le Génie du Christianisme, par M. de Châteaubriand. *Paris*, 1802, 5 *vol. in-8. v. porph.*

14. - - -   40. Le même ouvrage. *Lyon*, 1809, 9 *vol. in-18. br.*

3 - 90   41. Les Mystères du Christianisme approfondis et reconnus physiquement vrais. *Londres*, 1775, 2 *vol. in-8. v. f.*

1 - 30   42. Mémoire en faveur de Dieu, par Delisle de Sales. *Paris*, 1802, *in-8. v. m.*

2 - - -   43. Examen du Matérialisme, ou Réfutation du système de la nature, par Bergier. *Paris*, 1771, 2 *vol. in-12. v. m.*

1 - - 50   44. Le Divorce céleste, causé par les désordres et les dissolutions de l'épouse Romaine, trad. de l'italien de Ferrante Pallavicino. *Cologne*, 1696, *in-12. v. b.*

27 - -   45. Dictionnaire des Athées anciens et modernes, par Sylvain Maréchal. *Paris, an VIII, in-8. br. avec deux suppléments.*

12 - 15   46. Système de la nature, par Mirabaud, (le baron d'Holbach.) *Londres*, 1770, 2 *vol. in-8. v. porph.*

3 - 50   47. Had. Beverlandi de fornicatione cavenda admonitio. *Juxta exemp. Londinense*, 1698, *in-8. v. m.*

4 - 70   48. L'Alcoran de Mahomet, trad. de l'arabe, par Du Ryer. *Amst.* 1770, 2 *vol. in-12. v. m.*

9 . 21 - - -   49. Oupnek-Hat, id est Theologia et Scientia indica, studio Anquetil Duperron. *Argentor.* 1801, 2 *vol. in-4. cart.*

5 - 5   50. Zoroastre, Confucius et Mahomet, comparés comme sectaires, législateurs, etc. par M. de Pastoret. *Paris*, 1787, *in-8. v. éc.*

p.

Roannet.

pierre

idem   avec une 2.ᵈᵉ partie brochée

p.

p.

giroux

p.   avec la préface de m naigeon

nouton

pipon

Rog   49. Lam. mz⁺ goe. me⁺

giroux

Rouget.

Langlois.

giroux

houtons

58. 04.

Cordier

JURISPRUDENCE.

51. De l'Esprit des Loix, par Montesquieu. *Lond.*
1757, 4 *vol. in*-12. *v. f.* = Observations sur
l'Esprit des Loix, par Crevier. *Paris,* 1764, *in*-12.
v. m. = Défense de l'Esprit des Loix. *Genève,*
1750, *in*-12. *v. m.*

52. Principes et effets du Droit public, par Pecquet.
Paris, 1743, *in*-4. *v. m.*
Manuscrit sur papier.

53. Esprit des Loix romaines, trad. du latin de
Gravina, par Requier. *Paris,* 1766, 3 *vol. in*-12.
v. m.

54. Principes du Droit civil romain, par Olivier.
Paris, 1776, 2 *vol. in*-12. *v. m.* = Maximes du
Droit public françois, (par Mey.) 1772, 2 *vol.*
in-12. *v. m.*

55. Institution au Droit françois, par Argou. *Paris,*
1739, 2 *vol. in*-12. *v. b.* = Les Principes de la
Jurisprudence françoise, (par Prevot de La
Jannès.) *Paris,* 1750, 2 *vol. in*-12. *v. b.*

56. Théorie des Loix civiles, par Linguet. *Londres,*
1767, 2 *vol. in*-12. *v. m.* = Réponse aux Doc-
teurs modernes, par le même. 1771, 2 *vol. in*-12.
v. f. = Théorie du Paradoxe, (par Morellet.)
Amst. 1775, *in*-12. *v. m.*

57. De la Réforme des loix civiles, par d'Olivier.
Paris, 1786, 2 *vol. in*-8. *v. m.*

58. Dei delitti e delle pene, del C. Beccaria. *Harlem,*
1766, *in*-12. *v. m.* = Traité des Délits et des pei-
nes, trad. de l'ital. *Lausanne,* 1766, *in*-12. *v. m.*

59. Discours sur l'Impuissance de l'homme et de
la femme, par Vinc. Tagereau. *Paris,* 1611, *in*-8.
v. rac.

A iij

60. Procès contre Georges, Pichegru, et autres. *Paris*, 1804, 8 *vol. in-8. fig. br.*

61. Consulat de la Mer, ou Pandectes du droit commercial et maritime, par Boucher. *Paris*, 1808, 2 *vol. in-8. br.*

62. De la Saisie des bâtimens neutres, par Hubner. *La Haye*, 1759, 2 *vol. in-12. v. m.*

63. Traité sur la Police de Londres, par Colquhoun, trad. de l'anglois. *Paris*, 1807, 2 *vol. in-8. br.*

SCIENCES ET ARTS.

PHILOSOPHIE.

Morale, etc.

64. Bibliothéque des anciens philosophes, par Dacier et Grou. *Paris*, 1771, 13 *vol. in-12. v. m.*

65. Ocellus Lucanus, en grec et en françois, trad. par d'Argens. *Paris*, 1762, *in-12. v. f.* = Timée de Locres, en grec et en françois, trad. par le même. *Berlin*, 1763, *in-12. v. f.*

66. Ocellus Lucanus, en grec et en françois, trad. par Batteux. *Paris*, 1768, *in-8. v. éc.* = Histoire des Causes premières, par le même. *Paris*, 1769, *in-8. v. f.*

67. Eponine, ou de la République, ouvrage de Platon, publié par Delisle de Sales. *Paris*, 1793, 6 *vol. in-8. br.*

68. Dissertations de Maxime de Tyr, trad. du grec par Combes Dounous. *Paris*, 1802, *in-8. v. m.*

69. Les Hipotiposes, ou Institutions pirroniennes de Sextus Empiricus, trad. du grec, (par Huart.) 1725, *in-12. v. m.* = Traité de Porphyre, touchant l'abstinence de la chair des animaux,

Rouget.

Rouget.

La Ditte.

Desforges.

Idem

Dabin

p.

60. Car.

62. Rol.

65. Dug.

70. Man. et Rol.   Macilhac.

                                    p.

                                    pillet.

                                    idem

                                    idem

                                    pillet.

78. and. air.

trad. du grec, par de Burigny. *Paris*, 1747, *in-*12.
v. m.

70. Traité des Dieux et du Monde, de Salluste le
philosophe, trad. du grec en françois, avec le
texte en regard. *Berlin*, 1748, *in-*12. *v. b.*

71. Les Œuvres de Sénèque le philosophe, trad.
en franç. par Lagrange, avec la vie de Sénèque,
(par Diderot.) *Paris*, 1778, 7 *vol. in-*12. *v. m.*

72. Selecta Senecæ philos. Opera, cum versione
gallica (P. F. X. Denis.) *Parisiis, Barbou,* 1761,
*in-*12. *v. m.* = Discours philosophiques de
Maxime de Tyr, trad. du grec par Formey. *Leyde,*
1764, *in-*12. *v. m.*

73. Traité des Bienfaits, de Sénèque, en lat. et en
françois, trad. par Dureau de Lamalle. *Paris*,
1776, *in-*12. *v. éc.* = Analyse des Traités des
bienfaits et de la clémence, de Sénèque. *Paris,*
Barbou, 1776, *in-*12. *dem. rel.*

74. Pensées de Sénèque, en latin et en françois,
trad. par de la Beaumelle. *Paris*, 1752, 2 *vol.*
*in-*12. *v. m.*

75. Le Philosophe payen, ou Pensées de Pline,
avec un commentaire, par Formey. *Leyde*,
1759, 3 *vol. in-*12. *v. m.*

76. Boethius, de Consolatione philosophiæ, ex recens. Hen. Vallini. *Lugd. Bat.* 1656, *in-*8. *m. r.*
dent. l. r.

77. La Consolation de la philosophie de Boece,
trad. par Camus. *Paris*, 1772, *in-*12. *v. éc.* =
Les Préceptes de Phocylide, trad. du grec. *Pa-*
ris, 1698, *in-*12. *v. m.* = Histoire de Boece,
sénateur romain, par Gervaise. *Paris*, 1715,
*in-*12. *v. b.*

78. La Morale d'Épicure, tirée de ses propres
écrits, par Batteux. *Paris*, 1758, *in-*12. *v. m.*
= La Vie et la Philosophie d'Epictète, par G.
Boileau. *Paris*, 1772, *in-*12. *v. m.*

79. Epicteti Enchiridion, gr. et lat. cum not. var. ex recens. Ab. Berkelii. *Lugd. Bat.* 1670, *in-*8. *v. b.*

80. Idem Opus, gr. curante Lefebvre de Villebrune. *Parisiis*, 1782, *in-*18. *br.* = Pensées de l'empereur Marc-Aurèle Antonin, trad. du grec par de Joly. *Paris*, 1803, *in-*18. *v. porph.*

81. Le Manuel d'Epictète et le Tableau de Cébès, trad. du grec. *Paris*, *l'an* IV, 2 *vol. in-*18. *br.* *Pap. Vél.*

82. Traité de Plutarque sur la manière de discerner un flatteur d'avec un ami, et le Banquet des sept sages, du même, en grec et en franç. par de Laporte du Theil. *Paris, Imp. R.* 1772, *in-*8. *v. m.*

83. Réflexions morales de Marc-Antonin, trad. du grec, (par A. Dacier.) *Paris*, 1691, 2 *vol. in-*12. *v. m.*

84. Maximes et Réflexions morales du duc de la Rochefoucauld. *Paris*, 1765, *in-*12. *v. m.* = Pensées et Réflexions morales du comte d'Oxenstiern. *La Haye*, 1757, 2 *vol. in-*12. *v. éc.*

85. Maximes de la Rochefoucauld. 1794, *in-*18. *br.* *Pap. Vél.* = Les mœurs, (par Toussaint.) 1748, *in-*12. *v. m.*

86. Œuvres morales, ou Maximes du duc de la Rochefoucauld. *Paris, an* X, 2 *vol. in-*18. *v. j.*

87. De la Sagesse, par P. Charron. *Leide, J. Elzevier*, 1656, *in-*12. *m. r.*

88. Les Leçons de la sagesse sur les défauts des hommes, par Debonnaire. *Paris*, 1751, 3 *vol. in-*12. *v. m.*

89. Traité du suicide, par J. Dumas. *Amst.* 1773, *in* 8. *v. m.*

90. Mœurs et Caractères du XIXe siècle, par Gallais. *Paris*, 1817, 2 *vol. in-*8. *br.* = Histoire du XVIII brumaire, par le même. *Paris*, 1814, 3 *part.*

Langlois.

Roannet.

Desforges.

grégoire père

Duforges.

p.
Roannet tout
idem

p.

galliot.

Purit.

tachi.

79. Bois. 6+

82. And. Man. n+

84. And.

94 tho. h^t

96. of.

99. of.

p.

pipon

roannet.

idem

Desforges:

p.

p.

giroux

pipon

in-8. *br.* = Histoire de la révolution du xx mars ,
par le même. *Paris*, 1815, *in*-8. *br.*

Économie. Politique, etc.

91. Emile, ou de l'Éducation, par J. J. Rousseau.   5 - 60 .
Amst. 1762, 4 *vol. in*-12. *v. m.*

92. Théorie de l'éducation, par Grivel. *Paris*, 1775,   2 - 15 .
3 *vol. in*-12. *v. m.*

93. De l'Instruction, par M. Turlot. *Paris*, *Imp.*   3 - 60 .
Roy. 1816, *in*-12. *cart. Pap. Vél.*

94. Le même ouvrage. *Paris*, 1819, *in*-12. *br.*   4 - 5 .
Pap. Vél.

95. Abrégé de la république de Bodin. *Londres*,   2 - 80 .
1755, 2 *vol. in*-12. *v. m.* = Idée d'une république heureuse, ou l'Utopie de Th. Morus,
trad. en franç. par Gueudeville. *Amst.* 1730 ,
in-12. *fig. v. b.*

96. La Politique naturelle, ou Discours sur les   4 - 95 .
vrais principes du gouvernement, (par le baron
d'Holbach.) *Londres*, 1773, 2 *vol. in*-8. *v. f.*

97. Instituts politiques et militaires de Tamerlan,   3 .
trad. en françois, par M. Langlès. *Paris*, 1787 ,
in-8. *v. r.*

98. Du Gouvernement civil, par Locke, trad. de   3 - 10 .
l'anglois. *Bruxelles*, 1754, *in*-12. *v. m.* = Du
Contrat social, par J. J. Rousseau. *Amst.* 1762 ,
in-12. *v. m.* = Supplément au Contrat social ,
par Gudin. *Paris*, 1791, *in*-12. *v. m.*

99. Elémens philosophiques du citoyen, trad. du   2 - 50 .
latin de Hobbes. *Amst.* 1649, *in*-12. *v. f.*

100. Politique de tous les cabinets de l'Europe   4 .
pendant les règnes de Louis xv et de Louis xvi,
par de Ségur. *Paris*, 1793, 2 *vol. in*-8. *v. m.* —   3 - 15 .

101. Le Tocsin maritime contre la prétention des   1 - 55 .
rois d'Angleterre à l'empire de la mer, par Poncet de La Grave. *Paris*, 1801, *in*-8. *v. éc.*

102. Le Pornographe, ou idées d'un honnête homme sur un projet de réglement pour les prostituées, etc. (par Rétif de la Bretonne.) *Londres*, 1769, 4 *vol. in-8. v. m.*

103. Hiéron, ou portrait de la condition des rois, par Xénophon, en grec et en françois, trad. par Coste. *Amst.* 1711, *in-12. v. b.* = Le Festin de Xénophon, trad. du grec par Lefevre. *Paris*, 1666, *in-12. v. b.*

104. Institution d'un prince, par Duguet. *Londres*, 1743, 3 *vol. in-12. v. f.*

105. Recherches sur la nature et les causes de la richesse des nations, trad. de l'angl. par Roucher. *Paris*, 1790, 4 *vol. in-8. br.*

106. Mémoires pour servir à l'histoire générale des finances, par d'Eon de Beaumont. *Londres*, 1758, 2 *vol. in-12. v. m.*

107. De l'Administration des finances de la France, par Necker. 1784, 3 *vol. in-8. v. éc.* = Sur l'Administration de M. Necker, par lui-même. *Paris*, 1791, *in-8. v. éc.*

108. Le Triomphe du Nouveau-Monde, formant un nouveau système de confédération, fondé sur les besoins des nations chrétiennes commerçantes, (par le P. Brun.) *Paris*, 1785, 2 *tom. en* 1 *vol. in-8. v. m.*

109. Elémens du commerce, (par de Forbonnais.) *Paris*, 1754, 2 *vol. in-12. v. m.* = Tableau général du commerce de l'Europe. *Paris*, 1787, *in-8. v. j.*

Métaphysique. Physique, etc.

110. Essai philosophique concernant l'entendement humain, trad. de l'angl. de Locke, par Coste. *Amst.* 1758, 4 *vol. in-12. v. m.*

111. Essai sur l'origine des connoissances hu-

102. C.

avec 2 vol. brochés.

Joh v Duguet.

pipon

112. of.

avec l'examen 1 vol.	p.

p.

115. and.

p.

p.

119. ellan. am+

p.pon

maines, (par de Condillac.) *Amst.* 1746, 2 *vol.*
*in-*12. *v. m.* = Traité des systèmes, (par le
même.) *La Haye,* 1749, 2 *vol. in-*12. *v. m.*

112. Lettre sur les aveugles, (par Diderot.) *Lon-*   3 - 50 fr.
dres, 1749, *in-*12. *m. r.* = Lettre sur les sourds
et muets, (par le même.) 1751, *in-*12. *v. éc.*

113. De l'Esprit, par Helvétius. *Amst.* 1758, 3 *vol.*   3 . 30 .
*in-*12. *v. m.*

114. Amusement philosophique sur le langage des   2 .
bêtes, (par Bougeant.) *Paris,* 1739, *in-*12. *v. f.*
= Traité des animaux, par de Condillac. *Paris,*
1755, *in-*12. *v. m.*

115. Flagellum dæmonum, seu exorcismi terribi-   1 - 95 fr.
les remediaque probatissima in malignos spiri-
tus expellendos, per Hier. Mengum. *Bononiæ,*
1582, *in-*8. *parch.*

116. Les Entretiens physiques d'Ariste et d'Eu-   2 - 5 .
doxe, par le P. Regnault. *Paris,* 1732, 4 *vol.*
*in-*12. *fig. v. f.*

117. Leçons de physique expérimentale, par Nol-   6 .
let. *Paris,* 1775, 6 *vol. in-*12. *fig. v. m.* = Histoire
générale de l'électricité, par le même. *Paris,*
1752, *in-*12. *v. m.* = Recherches sur les causes
des phénomènes électriques, par le même. *Pa-*
ris, 1749, *in-*12. *fig. v. m.*

Histoire naturelle.

118. Histoire naturelle de Pline, trad. en franç.   64 - - fr.
avec le texte latin, par Poinsinet de Sivry. *Paris,*
1771, 12 *vol. in-*4. *v. m.*

119. Traduction des 34e, 35e et 36e livres de Pline,   9 . 5 fr.
avec des notes, par E. Falconet. *La Haye,* 1773,
2 *vol. in-*8. *v. m.*

120. Lettres à un Amériquain sur l'histoire natu-   1 . 50 .
relle de Buffon, (par de Lignac.) *Hambourg,*
1751, 3 *vol. in-*12. *v. m.*

121. Leçons élémentaires d'histoire naturelle, par Cotte. *Paris*, 1792, *in*-12. *v. rac.* = Leçons élémentaires de physique, par le même. *Paris, l'an VI, in*-12. *v. m.* = Leçons d'histoire naturelle sur les mœurs des animaux, par le même. *Paris, an VII*, 2 *vol. in*-12. *v. m.*

122. Elémens d'histoire naturelle, par Millin. *Paris*, 1802, *in*-8. *v. j.*

123. Contemplation de la nature, par C. Bonnet. *Amst.* 1764, 2 *vol. in*-8. *v. m.*

124. Histoire naturelle abrégée du ciel, de l'air, etc. par Philibert (Le Gendre.) *Paris, an VII, in*-8. *fig. v. r.*

125. Minéralogie homérique, ou Essai sur les minéraux, dont il est fait mention dans Homère, par Millin. *Paris*, 1816, *in*-8. *br.*

126. Exercitatio de origine et viribus gemmarum, auct. R. Boyle. *Londini*, 1673, *in*-18. *v. m.* = Castorologia, explicans castoris naturam et usum medico-chymicum, a J. Franco. *Aug. Vindel.* 1685, *in*-12. *v. b.*

127. Scriptores rei rusticæ veteres latini, cum not. var. cur. J. M. Gesnero. *Lipsiæ*, 1735, 2 *vol. in*-4. *m. r.*

128. Traduction d'anciens ouvrages latins relatifs à l'agriculture, etc. par Saboureux de la Bonnetrie. *Paris*, 1773, 6 *vol. in*-8. *v. m.*

129. Prædium rusticum. *Lutetiæ, Car. Stephanus*, 1554, *in*-8. *v. b.*

130. Cours complet d'agriculture, par l'abbé Rozier. *Paris*, 1809, 6 *vol. in*-8. *fig. v. j.*

131. Des Végétaux résineux tant indigènes qu'exotiques, par Duplessy. *Paris*, 1811, 4 *vol. in*-8. *v. m.*

132. Calendrier de Flore, ou Etudes des fleurs, par madame Vict. de Chatenay. *Paris*, 1802, 3 *vol. in*-8. *v. m.*

P

P

M lle haudot.

Rouget.

giroux.

avec un volume

12 f. Man. p t

Cordier

giroux
Rouget.

giroux

rouget.

P

Langlois.

134. Rol.

Meilhac.

clerc.

Rouget.

Ludet.

Dabin

gregoire fils.

Ludet.

thierry fils

Meilhac.

133. Traité complet de la culture, fabrication et vente du tabac, (par de Villeneuve.) *Paris*, 1791, *in-8. fig. v. r.*

134. Traité de la culture de la pomme de terre, par Parmentier. *Paris*, 1789, *in-8. v. éc.* = Traité de la châtaigne, par le même. *Paris*, 1780, *in-8. dem. rel.*

135. Warsavia physice illustrata, sive de aere, locis, et incolis Warsaviæ, auct. C. H. Erndtelio. *Dresdæ*, 1730, *in-4. fig. bas.*

Médecine. Chirurgie, etc.

136. Hippocratis Aphorismi, gr. et lat. edente Bosquillon. *Parisiis*, 1784, 2 *vol. in-18. v. m.* — Épidémiques d'Hippocrate, trad. du grec, par Desmars. *Paris*, 1767, *in-12. v. m.*

137. Hippocratis Aphorismi, gr. et lat. ex recens. F. M. Bosquillon. *Parisiis*, 1814, *in-18. br.*

138. A. Corn. Celsi de medicina lib. VIII, ex recens. J. Valart. *Parisiis, Barbou*, 1772, *in-12. v. m.*

139. Traduction des ouvrages de Celse sur la Médecine, par Ninnin. *Paris*, 1753, 2 *vol. in-12. v. m.*

140. Collection de 230 Thèses de médecine, de la faculté de Paris, pendant l'année 1816. *Paris*, 1816, *in-4. br.*

141. Consultations de Médecine, par Barthez. *Paris*, 1807, 2 *vol. in-8. br.*

142. Dictionnaire portatif de santé, (par Vandermonde.) *Paris*, 1783, 3 *vol. in-8. bas.*

143. Cours de Médecine pratique, d'après Ferrein, par Arnault de Nobleville. *Paris*, 1774, 3 *vol. in-12. v. m.* = Matière médicale, extraite de Tournefort et de Ferrein, par le même. *Paris*, 1770, 3 *vol. in-12. v. m.*

144. Elémens de Médecine pratique, trad. de l'angl. de Cullen, par Bosquillon. *Paris*, 1785,

2 *vol. in*-8. *v. m.* = La Médecine pratique de Londres, trad. par de Villiers. *Paris*, 1778, *in*-8. *v. m.*

145. Traité des maladies qu'il est dangereux de guérir, par Raymond. *Paris*, 1808, *in*-8. *br.*

146. Médecine perfective, ou Code des bonnes mères, par J. A. Millot. *Paris*, 1809, 2 *vol. in*-8. *br.*

147. De la Conservation des enfans, par Raulin. *Paris*, 1768, 3 *vol. in*-12. *v. m.*

148. De la Peste, ou époques mémorables de ce fléau, et les moyens de s'en préserver, par Papon. *Paris, an VIII*, 2 *vol. in*-8. *v. r.*

149. Traité des maladies goutteuses, par Barthez. *Paris*, 1802, 2 *vol. in*-8. *v. j.*

150. Observations sur la nature et le traitement des maladies du foie, par A. Portal. *Paris*, 1813, *in*-8. *br.*

151. L'Antidote d'Amour, avec un discours contenant la nature et les causes d'iceluy, par J. Aubery. *Paris*, 1599, *in*-18. *v. b.*

152. Nic. Macchelli tractatus de Morbo Gallico. *Venetiis*, 1555, *in*-8. *v f.*

153. Traité de la Gonorrhée virulente, et de la maladie vénérienne, par Bell, trad. de l'angl. *Paris*, 1802, 2 *vol. in*-8. *v. j.*

154. Traité du Scorbut, trad. de l'angl. de Lind. *Paris*, 1783, 2 *vol. in*-12. *bas.*

155. Del Vitto Pitagorico, per uso della Medicina, discorso d'Ant. Cocchi. *In Firenze*, 1743, *in*-4. *v. m.* = J. N. Pechlini de potu theæ dialogus. *Kilonii*, 1684, *in*-4. *v. f.*

156. Manuel des Amphitryons, par M. de la Reynière. *Paris*, 1808, *in*-8. *br.*

157. Almanach des Gourmands, par M. de la Reynière. *Paris*, 1803, *les six premières années, in*-18. *br.*

meilhac.   avec un double de la medecine
             prat. de londr.

                              146. of.

thierry fils.

                              148. and. Bou.
                              149. Bou. *

johannean

                              151. and.

                              152. and.

johannean

meilhac.

p.
Rey

girone

johanneau

Rey

pigoreau

meilhac.

idem

164. and.

thierry

menil

girone

avec quelques brochures.

meilhac.

158. De l'Homme et de la Femme, considérés physiquement dans l'état de mariage, (par de Lignac.) *Lille*, 1772, 2 *vol. in*-12. *v. j.*

159. L'Art de procréer les sexes à volonté, par Millot. *Paris*, 1800, *in*-8. *fig.* = Observation sur l'opération dite Césarienne, par le même. *Paris, an VII, in*-8. *v. rac.*

160. L'Art d'améliorer et de perfectionner les hommes, par Millot. *Paris*, 1801, 2 *tom. en* 1 *vol. in*-8. *fig. v. r.*

161. Abdeker, ou l'art de conserver la beauté, (par le Camus.) 1763, 2 *vol. in*-12. *v. m.*

162. OEuvres chirurgicales de Desault, publiées par Bichat. *Paris*, 1798, 2 *vol. in*-8. *v. r.*

163. Crânologie, ou découvertes nouvelles du docteur Gall, concernant le cerveau, trad. de l'allemand. *Paris*, 1807, *in*-8. *br.* = Traité sur la nouvelle Physiologie du cerveau, ou Exposition de la doctrine du docteur Gall, par Nacquart. *Paris*, 1808, *in*-8. *br.*

164. Tractatus de curatione magnetica vulneris, etc. auct. Coclenio. *Marpurgi*, 1609, *in*-12. *vél.* = Dissertationes de acidulis, auct. Sebizio. *Argentor. in*-8. *v. f.*

165. Dictionnaire de chimie, par Macquer. *Paris*, 1778, 4 *vol. in*-8. *v. m.*

166. Mémoires de chimie, par Lavoisier. 2 *vol. in*-8. *br.*

167. Opuscules chimiques de P. Bayen. *Paris*, *an VI*, 2 *vol. in*-8. *v. r.*

168. Aperçu des résultats obtenus de la fabrication des sirops de raisin, par Parmentier, avec la suite. *Paris*, 1812, 2 *vol. in*-8. *br.*

169. Recherches sur la découverte de l'essence de rose, par M. Langlès. *Paris*, 1804, *in*-12. *br.* = Le maïs ou blé de Turquie apprécié sous tous ses rapports, par Parmentier. *Paris*, 1812, *in*-8. *br.*

170. Précis d'expériences et d'observations sur les différentes espèces de lait, par Parmentier. *Paris, an VII, in-8. v. r.*

Astronomie, etc.

171. Cosmographie élémentaire, par Mentelle. *Paris, 1785, in-8. fig. v. m.*

172. Études sur la théorie de l'avenir, ou Considérations sur les merveilles et les mystères de la nature, par M. Turlot. *Paris, 1810, 2 vol. in-8. br.*

173. Mémoire pour servir d'introduction au devis général des ouvrages à exécuter pour la distribution des eaux du canal de l'Ourcq dans l'intérieur de Paris, par M. Girard. *Paris, 1812, in-4. fig. br.* = Notes sur les canaux de Picardie. *Paris, l'an x, in-4. br.*

174. G. Schotti Mechanica hydraulico-pneumatica. *Herbipoli, 1657, in-4. fig. v. f.*

175. Dictionnaire de musique, par J. J. Rousseau. *Genève, 1781, 2 vol. in-8. v. m.*

ARTS.

Arts libéraux et mécaniques.

176. Théorie du beau dans la nature et les arts, par Barthez. *Paris, 1807, in-8. br.* = Discours historiques sur la peinture moderne, par M. Emeric David. *Paris, 1812, in-8. br.*

177. Traité de la peinture, par Léonard de Vinci. *Paris, 1803, in-8. fig. v. j.*

178. Œuvres complètes du chev. J. Reynolds, trad. de l'anglais. *Paris, 1806, 2 vol. in-8. br.*

179. Cabinet de M. Paignon Dijonval : état détaillé et raisonné des dessins et estampes dont il est composé, par M. Benard. *Paris, 1810, in-4. br.*

Meilhac.

Langlois.

Rey

Simonnet.

Rey

P.

Caillard

giroux

avec un 2.ᵉ Exempl. du mentelle bro:

il y a environ 30 Exempl. du 2.ᵉ article

184. Mathon. az+

187. Lam. mz+ Man. hz+ Rol.

gregoire pere

Rey

Cailleau

Simonnet

p.

gregoire fils

Simonnet

Crozet.

pluquet.

gregoire pere

180. Recherches sur la préparation que les Romains donnoient à la chaux, par de Lafaye. *Paris, de l'Imp. Roy.* 1777 *et* 1778, 2 *vol. in-8. v. f.*   2 .

181. Les Stratagèmes, ou Ruses de guerre, par Frontin, trad. du latin, avec le texte en regard. *Paris,* 1772, *in-*12. *v. m.* = Institutions militaires de Végèce, trad. en françois. *Amst.* 1744, *in-*12. *bas.*   2 - -70 .

182. Considérations sur l'esprit militaire des Gaulois, (par de Sigrais.) *Paris,* 1774, *in-*12. *v. m.* = Les Italiens, ou mœurs et coutumes d'Italie, trad. de l'anglois de Baretty. *Paris,* 1773, *in-*12. *v. m.*

183. Campagne des Austro-Russes en Italie, sous les ordres de Suworow. *Paris,* 1802, *in-8. fig. v. éc.*   3 .

184. Mémorial topographique et militaire. *Paris, l'an* xi, 6 *vol. in-8. fig. br.*   15 -

185. Dictionnaire historique des siéges et batailles mémorables, tant anc. que modernes, (par Lacroix.) *Paris,* 1771, 3 *vol. in-8. v. m.*   3 .

186. Recherches physiques et chimiques sur la fabrication de la poudre à canon, avec le supplément, par Charpentier Cossigny. *Paris,* 1807, 2 *vol. in-8. br.*   2 .

187. Rei accipitrariæ scriptores, gr. et lat. cum not. N. Rigaltii. *Lutetiæ,* 1612, *in-*4. *v. f.*   25 - -95 .

188. La Chasse au fusil, avec le supplément, par de Marolles. *Paris,* 1788, *in-8. fig. v. r.*   8 - 10 .

189. Lettres sur les arts imitateurs en général, et sur la danse en particulier, par Noverre. *Paris,* 1807, 2 *vol. in-8. br.*   3 - -30 .

190. Spécimen des nouveaux caractères de la fonderie de P. Didot l'aîné. *Paris,* 1819, *in-*4. *cart.*   3 .

191. Le parfait Boulanger, par Parmentier. *Paris, Imp. Roy.* 1778, *in-8. v. m.*   11 - - 5 .

B

192. Essai sur les moulins à soie, par Le Payen. *Metz*, 1767, *in*-4. *v. m.*

BELLES-LETTRES.

Principes et Traités généraux de littérature et de grammaire.

193. Traité du choix et de la méthode des études, par Fleury. *Paris*, 1784, *in*-12. *v. m.* = Nouveaux principes de grammaire, par Boiste. *Paris*, 1820, *in*-8. *br.*

194. De la Manière d'enseigner et d'étudier les Belles-Lettres, par Rollin. *Paris*, 1730, 4 *vol. in*-12. *v. m.* = Supplément au Traité des études, par le même. *Paris*, 1734, *in*-12. *v. m.* = Observations adressées à Rollin sur son Traité des études, par Gibert. *Paris*, 1727, *in*-12. *v. m.*

195. Principes de la littérature, par Batteux. *Paris*, 1764, 5 *vol. in*-12. *v. m.* = Traité de l'arrangement des mots, trad. du grec de Denys d'Halicarnasse, par le même. *Paris*, 1788, *in*-12. *v. m.*

196. Nouveau Traité de littérature ancienne et moderne, par F. Pagès. *Paris*, 1802, 3 *vol. in*-8. *v. m.*

197. Cours de littérature françoise, extrait des meilleurs auteurs, par de Levizac. *Paris*, 1807, 4 *vol. in*-8. *br.*

198. Essai sur la littérature françoise, par Q. Craufurd. *Paris*, 1815, 3 *vol. in*-8. *br.*

199. Dictionnaire de littérature, par Sabatier de Castres. *Paris*, 1770, 3 *vol. in*-8. *v. f.*

200. Cours d'études des jeunes demoiselles, par Fromageot. *Paris*, 1772, 8 *vol. in*-12. *v. f.*

Simonnet.

Noannet.

Desforges.

p.

Rey
Simonnet.

Desforges :

195. Lam. ae⁺

197. Coul. Car.

201. Car.

Langlai.

204. trol.

Labitte.

Simonnet.

207. quat. i^t

208. goe. xz^t

pillet.

avec le volumes

p.

pillet.

201. Histoire naturelle de la parole, par Court de
Gebelin, avec des notes, par Lanjuinais. *Paris,*
1816, *in-8. br.*

202. Alphabet raisonné, ou explication de la
figure des lettres, par Moussaud. *Paris,* 1803,
2 *vol. in-8. br.*

203. Hermes, ou recherches philosophiques sur
la grammaire universelle, par Harris, trad. de
l'angl. *Paris, an* iv, *in-8. v. r.*

Grammaires des langues orientales et grecque.

204. Grammaire hébraïque, par Setier fils. *Paris,*
1814, *in-8. br.*

205. Recherches critiques et historiques sur la
langue et la littérature de l'Egypte, par M. Et.
Quatremere. *Paris,* 1808, *in-8. br.*

206. Grammaire arabe, par M. Silvestre de Sacy.
Paris, 1810, 2 *vol. gr. in-8. fig. br.*

207. Meditationes Sinicæ, auct. Fourmont. *Paris.*
1737, *in-fol. v. m.*

208. Dictionnaire tartare-mantchou-françois, par
le P. Amyot, et publié par M. Langlès. *Paris,*
1789, 3 *vol. in-4. cart.* = Rituel des Tatares-
Mantchoux, trad. par M. Langlès. *Paris,* 1804,
in-4. cart.

209. Le Jardin des racines grecques. *Paris,* 1807,
in-12. v. r. = Comenii Janua linguarum rese-
rata, cum versione gallica. *Parisus,* 1815,
in-18. br.

210. De vero usu verborum mediorum apud
Græcos, auct. L. Kustero. *Parisiis,* 1714, *in-12.*
v. b.

211. Sylloge scriptorum qui de linguæ græcæ vera
et recta pronuntiatione comment. reliquerunt,
edente Sig. Havercampo. *Lugd. Bat.* 1736, 2 *vol.*
in-8. v. m.

7²-- 212. Joannis Scapulæ Lexicon græco-latinum. *Amst. Elzevir.* 1652, *in-fol. v. b.*

4--55 213. C. Schrevelii Lexicon manuale græco-latinum, accurante Janet. *Paris.* 1806, *in-8. v. m.*

6--10 214. Novus Apparatus græco-latinus, cum interpretatione gallica. *Parisiis, Barbou,* 1754, *in-4. bas.*

20-- 215. Dictionnaire grec-françois, par Planche. *Paris,* 1817, *in-4. v. r.*

Grammaires et Dictionnaires des langues latine, françoise, etc.

2--60 216. Synonymes latins, par Gardin Dumesnil. *Paris,* 1777, *in-12. v. rac.* = Abrégé de la grammaire françoise, par de Wailly. *Paris,* 1801, *in-12. bas.*

Ɗ· 4--10 217. Le même ouvrage, édition augmentée par M. Achaintre. *Paris,* 1815, *in-8. br.*

25--40 218. R. Stephani Thesaurus linguæ latinæ. *Basileæ,* 1740, 4 *vol. in-fol. cart.*

4--95 219. Novitius, seu Dictionarium latino-gallicum. *Lut. Paris.* 1721, 2 *vol. in-4. dem. rel.*

Ɗ· 2-- 220. Vocabulaire universel latin-françois, (par Chompré.) *Paris,* 1754, *in-8. v. m.*

12--10 221. Dictionnaire latin-françois et françois-latin, par F. Noël. *Paris,* 1807, 2 *vol. in-8. v. j.*

11--5 222. Dictionarium latino-gallicum, auct. Noël. *Parisiis,* 1808, *in-4. v. r.*

2--75 223. Dictionnaire de poche latin et françois, par J. B. L'Ecuy. *Paris,* 1805, *in-8. v. éc.*

Ɗ· 10--- 224. Gradus ad Parnassum, auct. Noël. *Parisiis,* 1810, *in-4. v. r.*

2--25 225. Principes généraux de la langue françoise, par de Wailly. *Paris,* 1803, *in-12. v. r.* = Traité de la grammaire françoise, par Regnier Desmarais. *Amst.* 1707, *in-12. v. m.*

13--- 215 Double in 8ᵉ bas ----------

3--10 217 Double ------------

truchy
chobee
vidacoq
Labitti.

ρ

truchy
ρ

ρ
magnan
ρ

ρ

chabee.
La

216. and.

217. and.

220. and.

224. Rol.

Magnan

1 Dino

1 Dino

Labitte
Langlois
Labitte.
malafait.

Chobec.

magnan
Leroy
truchy

238. goe. am.t quat. p.t

Dabin

226. Le Mot et la Chose expliqués par les dérivés du latin, par Amalric de Brehan. *Paris*, 1807, 2 *vol. in*-8. *br.*

227. Manuel lexique, par l'abbé Prévost. *Paris*, 1750, *in*-8. *v. m.* — Grammaire françoise, par Restaut. *Paris*, 1724, *in*-12. *v. m.*

228. Dictionnaire universel de la langue françoise, avec le latin, par Boiste. *Paris*, 1808, *in*-4. *cart.* Pap. *Vél.*

229. Le même ouvrage. *Paris*, 1812, *in*-4. *br.* —

230. Dictionnaire françois et latin, par Villier. *Paris*, 1805, *in*-8. *v. m.*

231. Nouveau Dictionnaire françois-latin, par Noël. *Paris*, 1809, *in*-4. *v. r.*

232. Dictionnaire comique, satyrique, critique, etc. par Le Roux. *Amst.* 1750, *in*-8. *v. m.* ═ Dictionnaire néologique, à l'usage des beaux esprits du siècle, avec l'éloge historique de Pantalon Phebus, (par Guyot Desfontaines.) *Amst.* 1750, *in*-12. *v. m.*

233. Nouveau Dictionnaire de rimes, par MM. de Wailly et Drevet. *Paris*, 1812, 2 *vol. in*-8. *br.*

234. Nouveau Dictionnaire poétique, par Hamoche. *Paris*, 1802, *in*-8. *v. j.*

235. Dictionnaire du bas langage, ou des manières de parler usitées parmi le peuple. *Paris*, 1808, 2 *vol. in*-8. *br.*

236. Le Maître italien, par Veneroni. *Paris*, 1803, *in*-8. *v. j.*

237. Alphabet irlandois, par Marcel. *Paris, an* XII, *in*-8. *cart.*

238. Dictionnaire de la langue de Madagascar, par de Flacourt. *Paris*, 1658, *in*-8. *vél.*

Rhéteurs et orateurs grecs, latins, etc.

239. La Rhétorique d'Aristote, trad. du grec, par Cassandre. *Amst.* 1698, *in-12. v. b.* = La Poétique d'Aristote, trad. en françois, par Dacier. *Amst.* 1733, *in-12. v. m.*

240. Antiqui Rhetores latini, cum notis Cl. Capperonnerii. *Argentor.* 1756, *in-4. v. m.*

241. M. Fab. Quintiliani Institutionum oratoriarum lib. xii, edente Rollin. *Parisiis,* 1715, 2 *vol. in-12. v. b.* = Quintilien de l'Institution de l'orateur, trad. par Gédoyn. *Paris,* 1770, 4 *vol. in-12. v. m.*

242. M. F. Quintiliani de oratoria institutione libri xii, ex recens. C. Capperonerii. *Paris.* 1725, *in-fol. v. m.*

243. Quintilien de l'Institution de l'orateur, trad. par Gédoyn. *Paris,* 1718, *in-4. v. b.*

244. Le même ouvrage. *Paris,* 1803, 4 *vol. in-12. v. m.*

245. Le même ouvrage, en latin et en françois, trad. par Gédoyn. *Paris,* 1810, 6 *vol. in-8. br. Pap. Vél.*

246. M. Fab. Quintiliani declamationum liber. *Oxonii,* 1775, *in-8. v. b.*

247. De l'Eloquence et des Orateurs anciens et modernes, par Ferri de Saint-Constant. *Paris,* 1805, *in-8. br.*

248. Essai sur l'Eloquence de la chaire, par de Besplas. *Paris,* 1778, *in-12. v. m.* — Discours choisis sur divers sujets de religion, par l'abbé Maury. *Paris,* 1777, *in-12. v. m.*

249. Harangue de Démosthène contre la loi de Leptine, en grec et en françois, trad. par le Cointe. *Gottingue,* 1756, *in-8. v. m.*

250. Harangues d'Eschine et de Démosthène, sur

juni.

malafait.

240. Lam. az⁺

242. Chez.

junî.

Scnvair

245. Lam. mh⁺

Lefeburs.   avec 3 volumes.

247. Coul.

junî.

pr.

Voannet.

Desforges.

253. gu.   ~~taché~~   taché   p.

p.

Le Clerc St martin

Desforges.

Chobes.

la couronne, trad. du grec, par l'abbé Millot.
Lyon, 1764, *in-*12. *v. m.* = Traité du Sublime
de Longin, en grec et en françois, (trad. par
Boileau.) *Paris*, 1694, *in-*12. *v. b.*

251. M. Tullii Ciceronis opera, studio Dion. Lambini. 1580, 9 *vol. in-*8. *v. f.*

252. M. Tullii Ciceronis Opera omnia, cum not.
var. curante J. A. Ernesti. *Halœ*, 1757, 5 *vol.*
*in-*8. *v. m.* relié en 6 volumes.

253. M. Tullii Ciceronis Scriptorum fragmenta.
Lugd. Bat. ex offic. Elzev. 1642, *in-*12. *v. b.*

254. OEuvres complètes de Cicéron, trad. en franç.
le texte en regard. *Paris*, 1816, 31 *vol. in-*8. *br.*

255. Recueil de traductions des ouvrages de Cicéron, savoir : Philippiques de Démosthène, et
Catilinaires de Cicéron, par d'Olivet. 1765, 1 *vol.*
= Les Oraisons, par Villefore, 1732, 8 *vol.* =
Oraisons choisies. 1763, 3 *vol.* = Lettres à Atticus,
par Mongault. 1738, 6 *vol.* = Lettres familières,
par Prevost. 1745, 5 *vol.* = Lettres à Brutus,
par le même. 1744, 1 *vol.* = Les Offices, par de
Barrett. 1807, 1 *vol.* = Des Devoirs de l'homme,
par Brosselard. *an* IV, *in-*8. = De la vieillesse, de
l'Amitié, etc. par de Barrett. 1809, 1 *v.* = L'Orateur, par Colin. 1805, 1 *vol.* = Partitions ora-
toires. 1756, 1 *vol.* = Sur les Orateurs illustres,
par de Villefore. 1726, 1 *vol.* = Tusculanes, par
Bouhier et d'Olivet. 1737, 3 *vol.* = Académiques,
par Durand. 1796, 2 *vol.* = Sur la Nature des
Dieux. 1721, 3 *vol.* = Sur les vrais Biens et les
vrais Maux, par Regnier Desmarais. *an* III,
1 *vol.* = De la Divination, par le même, et de la
Consolation, par Morabin. *an* III, 1 *vol.* = Des
Loix, par Morabin. 1807, 1 *vol.* = De la République, par Bernardi. 1807, 2 *vol.* = Pensées,
par d'Olivet. 1764, 1 *vol. en tout* 43 *vol. in-*12. et
1 *in-*8. *rél. et br.*

B. iv

256. Lettres de Cicéron à Atticus, en latin et en françois, trad. par l'abbé Mongault. *Paris,* 1802, 6 *vol. in-8. v. r.*

257. Lettres familières de Cicéron, en latin et en françois, trad. par l'abbé Prevost. *Paris,* 1801, 6 *vol. in-8. v. r.*

258. Académiques de Cicéron, avec le texte latin, trad. par Dav. Durand. *Paris,* 1796, 2 *vol. in-12. cart. Pap. Vél.*

259. Les Livres académiques de Cicéron, trad. par de Castillon. *Berlin,* 1779, 2 *vol. in-8. v. r.*

260. Adlocutio et encomia variis linguis expressa quæ summo pontifici Pio VII, obtulit J. J. Marcel. *Parisiis,* 1805, *in-fol. cart.*

261. Collection de 65 éloges, notices historiques, oraisons funèbres, etc. *in-4. in-8. et in-12. br.*

262. Recueil d'éloges, par Thomas, Gaillard, l'abbé Brizard, etc. 2 *vol. in-8. dem. rel.*

263. Recueil des oraisons funèbres, par Bossuet. *Paris,* 1738, *in-12. v. b.* = Par Fléchier. *Paris,* 1749, *in-12. v. b.* = Par Mascaron. *Paris,* 1745, *in-12. v. m.*

POÉTIQUE.

Poètes orientaux et grecs.

264. Cours de poésie sacrée, trad. du lat. de Lowth, par Roger. *Paris,* 1813, 2 *vol. in-8. br.*

265. Les quatre Poétiques d'Aristote, d'Horace, de Vida, de Despréaux, trad. par l'abbé Batteux. *Paris,* 1771, 2 *vol. in-12. v. éc.*

266. Annotationi di Aless. Piccolomini nel libro della Poetica d'Aristotele. *In Vinegia,* 1575, *in-4. vél.*
Exemplaire de de Thou.

267. Poétique de Voltaire. *Paris,* 1766, 2 *vol. in-8. v. f.*

pierre

idem

p.

Desforges.

Dabin

p.

p.

258. Lam. az⁺

Labatte.

Lahouillerre

p.

p.

avec 3 volumes.

266. C.

268. Mart. Meon.

277. Lam. h+   le titre raccommodé.

Meilhac.

p.

Langlois.

p.

p.

p.

Desforges.

Meilhac.

malafait.

Roannet.

giroux

268. Medjnoun et Leila, trad. du persan, par M. Chezy. *Paris*, 1807, 2 *vol. in-18. br.* = Yadjnadatta Badha, ou la Mort d'Yadjnadatta, trad. du sanscrit, par le même. *Paris, Didot,* 1814, *in-8. br. Pap. Vél.*

269. Anacréon, Sapho, Bion, Moschus, Théocrite, Musée, trad. du grec en françois, par Moutonnet de Clairfons. *Paris*, 1779, *in-12. v. m.*

270. Homeri Opera, gr. et lat. *Parisiis, Brocas,* 1747, 2 *vol. in-12. v. m.*

271. Homère grec-latin-françois, publié par M. Gail. *Paris*, 1805, 6 *vol. in-8. br.*

272. Homeri Hymnus in Cererem, gr. et lat. edente Ruhnkenio. *Lugd. Bat.* 1780, *in-8. br.* = D. Ruhnkenii Epistolæ criticæ II in Callimachum et Apollonium Rhodium. *Lugd. Bat.* 1751, *in-8. v. b.*

273. L'Iliade et l'Odyssée d'Homère, trad. en franç. *Paris*, 1699, 4 *vol. in-12. v. b.*

274. L'Iliade et l'Odyssée d'Homère, trad. en franç. par madame Dacier. *Paris*, 1711, 6 *vol. in-12. v. b.*

275. L'Iliade et l'Odyssée d'Homère, trad. en vers franç. par de Rochefort. *Paris*, 1772, 5 *vol. in-8. v. m. et v. éc.*

276. Opuscules d'Homère, trad. par Coupé. *Paris*, 1796, 2 *tom. en* 1 *vol. in-18. v. r.*

277. Orphei Argonautica, Hymni, etc. gr. et lat. cum not. var. curante Hambergero. *Lipsiæ,* 1772, *in-8. v. m.*

278. Les Poésies d'Anacréon et de Sapho, en grec et en françois, trad. par madame Dacier. *Amst.* 1699, *in-12. v. f.*

279. Odes d'Anacréon, trad. en vers françois, avec le texte en regard, par Saint Victor. *Paris*, 1813, *in-12. cart. Pap. Vél.*

280. Anacreonti quæ tribuuntur carminum para-phrasis elegiaca, auct. Hoeufft. *Dordraci*, 1795, 2 *part. in-8. cart.*

281. Aristologia Pindarica, græco-latina, studio Mich. Neandri. *Basil.* 1556, *in-8. v. b.*

282. Les OEuvres de Pindare, trad. du grec, par F. Marin. *Paris*, 1617, *in-8. v. m.*

283. Les Odes de Pindare, trad. du grec, par Gin. *Paris*, 1801, *in-8. v. éc.*

284. Les Olympiques de Pindare, trad. du grec, (par Jacquier.) *Paris*, 1754, *in-12. v. m.* ⹀ Essai sur Pindare, par Vauvilliers. *Paris,* 1772, *in-12. v. m.*

285. Les Odes pythiques de Pindare, en grec et en françois, trad. par Chabanon. *Paris*, 1772, *in-8. v. m.*

286. Idylles de Théocrite, trad. du grec, par Chabanon. *Paris*, 1777, *in-12. v. m.* ⹀ Les Georgiques de Virgile, trad. en vers françois, par Delille. *Paris*, *an* VII, *in-12. v. rac.*

287. Hymnes de Callimaque, en grec, avec une version françoise et des notes, par de La Porte du Theil. *Paris, Impr. Royale,* 1775, *in-8. v. m.*

288. Les mêmes, trad. du grec en vers latins, avec la version françoise, et le texte, par Petit Radel. *Paris*, 1808, *in-8. br.*

289. L'Expédition des Argonautes, trad. du grec d'Apollonius de Rhodes, par M. Caussin. *Paris*, *l'an* v, *in-8. v. r.*

290. Les Dionysiaques, ou les Voyages, les Amours, etc. de Bacchus aux Indes, trad. du grec de Nonnus. *Paris*, 1625, *in-8. v. f.*

291. Musæus de Herone et Leandro, Orphæi argonautica, etc. gr. *Venetiis, Aldus,* 1517, *in-8. non relié.*

292. Hero et Léandre, poëme, trad. du grec, par Moutonnet de Clairfons. *Paris*, 1774, *in-8. br.*

p.

p.

p.

p.

pillet.

chobec.

280. gu.

p.

pipon

meilhac

malafait.

idem

287. Lam. p^t.

295 tho. ~~tijt~~

299. gu.

302. Lam. x+

malafait.

p.

p.

chobec joliz.

malafait.

giroux

p.

labitte.

gregoire pin

chobec.

Desforges.

Langlois

293. Comicorum græcorum sententiæ, gr. et lat. ex vers. H. Stephani. *Excud. H. Stephanus*, 1569, *in-18. v. b.* — 3.

294. Théâtre des Grecs, par le P. Brumoy. *Paris*, 1765, 6 *vol. in-12. v. m.* — 9 - 45.

295. Théâtre des Grecs, par le P. Brumoy, publié par de Rochefort et du Theil. *Paris*, 1785, 13 *vol. in-8. fig. v. éc.* — 70 - 50.

296. Sophoclis Tragœdiæ septem, gr. et lat. edente Cantero. *Heidelbergæ*, 1597, *in-8. vél.* — 3 - 5.

297. Sophoclis Tragœdiæ, gr. et lat. ed. J. Capperonnier et J. F. Vauvilliers. *Paris.* 1781, 2 *vol. in-4. v. m.* — 23.

298. Tragédies de Sophocle, trad. par Dupuy. *Paris*, 1762, 2 *vol. in-12. v. m.* = Trois comédies de Plaute, en latin et en françois, trad. par mademoiselle Lefevre. *Paris*, 1683, 3 *vol. in-12. v. b.* — 2 - 60.

299. Euripidis Hippolytus, gr. et lat. cum not. var. edente F. H. Egerton. *Oxonii, e Typ. Clarendon.* 1796, *in-4. cart.* — 24 - 8.

Poëtes latins anciens.

300. Priapeia, sive diversorum poetarum in Priapum lusus. *Patavii*, 1664, *in-8. v. b.*

301. Erotopægnion, sive Priapeia vet. et recentiorum. *Parisiis*, 1798, *in-8. bas.* — 4

302. Titi Lucretii Cari de rerum natura lib. sex, cum notis Th. Creech. *Oxonii*, 1695, *in-8. v. f.* — 8.

303. Lucrèce en lat. et en françois, trad. par Lagrange. *Paris*, 1768, 2 *vol. in-12. fig. v. porph.* — 7 - 55.

304. Catullus, Tibullus et Propertius. *Lugd. Bat. (Parisiis, Barbou,)* 1743, *in-12. v. r.* — 3 - 95.

305. Catullus, Tibullus et Propertius. *Parisiis*, Barbou, 1792, *in-12. br. Pap. Fin.* — 3 - 20.

306. Traduction de Catulle, Tibulle et Gallus, avec le texte en regard, (par de Pesay.) *Paris*, 1771, — 3 - 25.

305 Double bro. pap fin - - - - - - - -

2 *vol. in*-12. *v. éc.* = Œuvres de Properce, trad.
en françois, par Pietre. *Paris, an* ix, *in*-12. *bas.*

307. Traduction complète des poésies de Catulle
et de Gallus, avec le texte en regard, par Noël.
Paris, 1803, 2 *vol. in*-8. *v. j.*

308. Elégies de Tibulle, en lat. et en françois, trad.
par de Longchamp. *Paris*, 1793, *in*-8. *v. r.* =
Elégies de Properce, trad. par le même. *Paris*,
1802, 2 *vol. in*-8. *v. r.*

309. Elégies de Tibulle, traduites en françois, avec
le texte en regard, (par M. de Pastoret.) *Paris*,
1784, *in*-8. *v. r.*

310. Elégies de Properce, en latin et en françois,
trad. par de Longchamp. *Paris*, 1772, *in*-8. *v. m.*

311. P. Virgilii Maronis Opera, cum not. Ruæi, ad
usum Delphini. *Paris.* 1675, *in*-4. *v. b.*

312. Idem Virgilius, cum not. var. ex recens. P.
Masvicii. *Venetiis*, 1736, 2 *vol. in*-4. *v. m.*

313. P. Virgilii Maronis Opera. *Amst. in*-12. *v. m.*
= Les Satires de Perse, en latin, avec les deux
traductions de Le Monnier et de Selis. *Paris*,
1817, *in*-12. *br.*

314. Idem Virgilius, ex recens. R. F. P. Brunck.
Argentorati, 1785, *in*-8. *v. éc.*

315. Idem Virgilius. *Parisiis, Barbou*, 1790, 2 *vol.*
in-12. *br. Pap. Fin.*

316. Idem Virgilius, cum not. C. Ruæi. *Parisiis*,
1805, 3 *vol. in*-12. *bas.*

317. Les Œuvres de Virgile, en latin et en françois, trad. par Desfontaines. *Paris*, 1754, 4 *vol.*
in-12. *v. f.*

318. Les mêmes, en latin et en françois, (trad.
des quatre Professeurs.) *Paris*, 1746, 4 *vol. in*-
12. *v. éc.*

319. Les mêmes, trad. en vers françois, par Delille
et Langeac. *Paris*, 1806, 6 *vol. in*-8. *fig. v. porph.*
dent.

p.

Labitte.

idem

Desforges.

Écrivain

p.

Malefait.

p.

Servain

Desforges.

pierre

p.

315. Lam. az⁺

318. Lam. az⁺ tho8t

pierre

321. Coul.

p.

322. dug.

malafait.

Desforges.

gregoirepein

Desforges.

p.

p.

roannet.

331. Coul. of. Car.

giroux

p.

320. Les Géorgiques de Virgile, trad. en vers françois, par Delille, avec le texte en regard de la traduction. *Paris*, 1770, *in-8. fig. v. éc. Gr. Pap.*

321. L'Enéide, trad. en vers françois, par Gaston, avec le texte en regard. *Paris*, 1808, 4 *vol. in-12. br. Pap. Vél.*

322. L'Eneide di Virgilio del commendatore Annibal Caro. *In Venetia*, 1581, *in-4. v. f.*

323. Q. Horatii Flacci Opera, cum comm. D. Lambini. *Francof.* 1596, 2 *vol. in-4. vél.*

324. Q. Horatius Flaccus, cum annot. J. Bond. *Aurelianis*, 1767, *in-12. v. porph.*

325. Idem Horatius, curante J. Valart. *Parisiis*, 1770, *in-8. v. j.*

326. Horatius. *Parisiis, Barbou*, 1775, *in-12. v. m.*

327. OEuvres d'Horace, en latin et en françois, trad. par Dacier. *Parisiis*, 1697, 10 *vol. in-12. v. f.*

328. Les poésies d'Horace, en latin et en françois, trad. par Sanadon. *Paris*, 1756, 3 *vol. in-12. v. m.*

329. Les mêmes, en latin et en françois, trad. par Batteux. *Paris*, 1768, 2 *vol. in-12. v. m.*

330. Les OEuvres d'Horace, en latin et en françois, trad. par Binet. *Paris*, 1783, 2 *vol. in-12. bas.*

331. OEuvres complètes d'Horace, trad. en vers françois, avec le texte en regard, par M. Daru. *Paris*, 1816, 2 *vol. in-8. br.*

332. Traduction du premier livre complet des Odes d'Horace en vers franç. avec le texte, par P. Didot l'aîné. *Paris, P. Didot*, 1796, *in-8. br. Pap. Vél.* = Essai de Fables nouvelles, par le même. *Paris*, 1786, *in-12. br. Pap. Vél.*

333. Phædri Fabulæ, cum not. Rigaltii. *Lutetiæ*, 1599, *in-12. vél.* = Les Fables de Phèdre, en

lat. et en françois. *Rouen*, 1758, *in*-12. *v. m.* ==
Faerni Fabulæ. *Parisiis*, 1697, *in*-12. *v. b.*

334. Phædrus, cum not. Gronovii. *Amst.* 1703,
in-8. *vél.*

335. Phædri Fabulæ, cum not. Gab. Brotier. *Paris.
Barbou*, 1783, *in*-12. *v. m.*

336. Phædri Fabulæ novæ duo et triginta. *Paris.*
1818, *in*-12. *br. Pap. Vél.*

337. Fables de Phèdre, en latin et en françois.
Amst. 1769, *in*-8. *v. m.*

338. M. Manilii Astronomicon lib. v, cum vers.
gallica et notis, edente Pingré. *Parisiis*, 1786, 2
tom. en 1 vol. *in*-8. *v. m.*

339. L'Etna de P. Cornelius Severus, et les Sentences de P. Syrus, en latin et en françois. *Paris*,
1736, *in*-12. *v. f.*

340. P. Ovidii Nasonis Tristium lib. v, ex Ponto
lib. iv et ibis, curante J. J. Oberlino. *Argent.*
1778, *in*-8. *v. r.*

341. OEuvres complètes d'Ovide, trad. en françois.
Paris, an vii, 7 *vol. in*-8. *v. r.*

342. Métamorphoses d'Ovide, trad. en françois par
Banier. *Paris*, 1742, 3 *vol. in*-12. *v. m.* == Les
Elégies d'Ovide, en lat. et en françois, trad. par
de Kervillars. *Paris*, 1738, 3 *vol. in*-12. *v. b.*

343. OEuvres galantes et amoureuses d'Ovide, trad.
en vers françois. 1757, *in*-8. *v. m.* — Les poësies
de Catulle, en lat. et en françois, trad. (par de
Marolles.) *Paris*, 1653, *in*-8. *v. éc.*

344. Les OEuvres galantes et amoureuses d'Ovide,
trad. en vers françois. *Amst.* 1770, 2 *vol. in*-12.
v. j.

345. Nouvelle traduction des Héroïdes d'Ovide.
Paris, 1773, *in*-8. *v. éc.* == Commentaires sur
les Epitres d'Ovide, par Bachet de Meziriac. *La
Haye*, 1716, 2 *vol. in*-8. *v. b.*

Malafait.

p.

p.

p.

Labitte.

Desforges.

p.

340. Bois. x +

341. Rol.

345. Millingen. i +

p.

p.

Langlois
p.
chobic.
Langlois
Roannet.

355 m. Duguet.

358. Man. hz

p.

p.

346. La Pharsale de Lucain, trad. en vers françois
par Brébeuf, accompagnée du texte. *Paris,* 1796,
2 *vol. in-8. v. r.*

347. La Pharsale de Lucain, trad. par Masson. *Paris,* 1765, *in-12. v. m.* = Les Satyres de Perse et
de Juvénal, en lat. et en franç. trad. par Tarteron. *Paris,* 1706, *in-12. v. b.*

348. La Pharsale de Lucain, trad. en françois, par
Marmontel. *Paris,* 1766, 2 *vol. in-8. fig. v. m.*

349. Le même ouvrage, en lat. et en franç. trad.
par Marmontel. *Paris,* 1816, 2 *vol. in-12. br.*

35o. C. Silius Italicus de bello Punico secundo
poema, curante J. B. Lefebvre de Villebrune.
Parisiis, 1781, *in-12. m. r.*

351. Seconde guerre Punique, Poëme de Silius
Italicus, en lat. et en franç. trad. par Lefebvre
de Villebrune. *Paris,* 1781, 3 *vol. in-12. v. m.*

352. Les OEuvres de Stace, trad. en françois par
Cormiliolle. *Paris,* 1783, 5 *vol. in-12. v. m.*

353. Silves de Stace, en lat. et en françois, trad.
par Delatour. *Paris,* 1802, *in-8. v. m.*

354. M. Val. Martialis Epigrammata, cum not.
var. *Amst.* 1701, *in-8. fig. v. b.*

355. Epigrammes de Martial, latines et françoises,
traduction nouvelle. *Paphos,* 3 *vol. in-8. br.*
Pap. Vél.

356. Juvenalis et Persius. *Venetiis, Aldus,* 1501,
in-8. non relié.
Taché d'humidité.

357. Iidem, cum not. var. *Lugd. Bat.* 1648, *in-8.
v. b.*

358. D. J. Juvenalis et A. Persii Flacci Satyræ,
cum not. H. Pratei, in usum Delphini. *Parisiis,*
1684, *in-4. v. f.*

359. Satires de Juvenal, en lat. et en françois, trad.
par Dusaulx. *Paris,* 1782, 2 *vol. in-8. v. m.*

6 - 65   360. Giuvenale e Persio in versi volgari, d'al conte
          da Rovigo. *In Padova*, 1711, *in-4. v. f.*

2 - 50   361. Satyres de Perse, en latin et en françois, trad.
          par Le Monnier. *Paris*, 1771, *in-8. v. m.*

7 - 5   362. Les mèmes, en latin et en françois, trad. par
          Selis. *Paris*, 1776, *in-8. v. m.* = Dissertation
          sur Perse, par le même. *Paris*, 1783, *in-8. v. m.*

2 - 95   363. Les Pastorales de Nemesius et de Calpurnius,
          trad. en françois. *Bruxelles*, 1744, *in-8. v. f.*

11 - -   364. Ausonii Burdig. Opera, cum not. J. Floridi,
          in usum Delphini, ex recens. J. M. Souchay.
          Paris. 1730, *in-4. v. m.*

7 - 95   365. OEuvres d'Ausone, en lat. et en françois, trad.
          par l'abbé Jaubert. *Paris*, 1769, 4 *vol. in-12.*
          v. m.

16 - —   366. Les OEuvres de Plaute, en lat. et en françois,
          trad. par de Limiers. *Amst.* 1719, 10 *vol. in-12.*
          v. b.

5 - - -   367. P. Terentii Comœdiæ, cum notis N. Camus,
          ad usum Delphini. *Lond.* 1769, *in-8. v. m.*

5 - 25   368. Les Comédies de Térence, en latin et en franç.
          trad. par Dacier. *Amst.* 1717, 3 *vol. pet. in-8.*
          fig. v. b.

19 - 60   369. Les mêmes, trad. en franç. avec le texte en
          regard, par Le Monnier. *Paris*, 1771, 3 *vol. in-8.*
          fig. v. f.

18 - -   370. L. A. Senecæ Tragœdiæ, cum notis var. ex
          recensione J. C. Schroderi. *Delphis*, 1728, *in-4.*
          v. j.

4 - -   371. Théâtre de Sénèque, trad. par Coupé. *Paris*,
          1795, 2 *vol. in-8. v. r.*

Poètes latins modernes.

5 - 95   372. Poemata didascalica, (ed. J. Oliveto.) *Paris.*
          1749, 3 *vol. in-12. v. m.*

8 - 5   373. Idem opus. *Parisiis*, 1813, 3 *vol. in-12. br.*

p.
Rouget.

Labitte.

362   m Duguet.

363. Lam. pt Rol.

365. Bois. az+

p.
Dorforges.

Martin

p.

pierre

Labitte.

Idem

375. Mart.

p.

prieur

p.

p.

p.

p.

p.

De Chazard.

Labitte.

p.

374. Epigrammatum delectus. *Paris.* 1659, *in-*12.
v. b. = Lusus poetici allegorici, auct. P. J.
Sautel. *Parisiis,* 1754, *in-*12. *v. r.*   2 - 50

375. Les divines Poésies de Marc-Ant. Flaminius,
en lat. et en françois. *Paris,* 1568, *in-*8. *parch.*   2 . . 9

376. Le Zodiaque de la vie humaine, trad. du lat.
de Palingène, par de la Monnerie. *La Haye,*
1731, *in-*12. *v. f.*   1 - 85

377. Essai de traduction de poésies latines de Michel de L'Hôpital. *Paris,* 1778, 2 *tom. en* 1 *vol.*
*in-*8. *v. m.*   2 - 25

378. Joan. Bonefonii Carmina, avec les imitations
françoises de Gil. Durant. *Amst.* 1767. = Jac.
Sannazarii Opera. *Parisiis,* 1725. = Gab. Made-
leneti Carmina. *Parisiis,* 1753, *in-*12. *v. rac.*   3 .

379. La Callipedie, trad. du latin de Quillet, avec
le texte en regard. *Paris,* 1749, *in-*8. *bas.* =
Mar. Palingenii Zodiacus vitæ. *Amstel.* 1628,
*in-*18. *v. b.*   5 .

380. Hymni sacri et novi, auct. Santolio. *Parisiis,*
1698, *in-*12. *v. j.* = Les mêmes, trad. en franç.
par Pinel de la Martelière. *Paris,* 1698, *in-*12.
v. b.   1 - 50

381. Hymnes de Santeuil, trad. en vers françois.
Paris, 1760, *in-*12. *m. bl. tab. Pap. de Holl.*   3 . 10

382. Ren. Rapini Hortorum lib. IV. *Parisiis,* 1665,
*in-*12. *v. b.* = J. Vanierii Prædium rusticum.
Parisiis, 1707, *in-*12. *v. b.* = Traduction du
Prædium rusticum, par Berland. *Paris,* 1756,
2 *vol. in-*12. *v. m.*   5 - 40

383. Ren. Rapini Hortorum lib. IV, edente Brotier.
Paris. Barbou, 1780, *in-*12. *v. m.* = Jac. Vanierii
Prædium rusticum. *Parisiis, Barbou,* 1786,
*in-*12. *bas.*   6

384. Jac. Vanierii Prædium rusticum. *Parisiis,*
Barbou, 1774, *in-*8. *v. m.*   5 .

3 . . 5   385. Idem opus. *Parisiis, Barbou*, 1786, *in*-12. *br. Pap. Fin.*

3 . . . .   386. Joan. Commirii Carmina. *Parisiis*, 1753, 2 *vol. in*-12. *v. m.*

3 . . . —   387. Anti-Lucretius, auct. M. de Polignac. *Paris.* 1747, 2 *vol. gr. in*-8. *v. m.*

2 . 50   388. Anti-Lucretius, auct. Melch. de Polignac. *Parisiis*, 1754, 2 *vol. in*-12. *v. éc.* = L'Anti-Lucrèce, trad. en françois, par de Bougainville. *Paris*, 1767, 2 *vol. in*-12. *v. m.*

2 . . .   389. Musæ rhetorices, edente Xav. de la Sante. *Parisiis*, 1745, 2 *vol. in*-12. *v. m.*

2 . 85   390. Hygieine, sive Ars sanitatem conservandi, poema, auct. E. L. Geoffroy. *Paris.* 1771, *in*-4. *cart. Ch. Mag.* = P. d'Ebulo Carmen de motibus siculis, edente S. Engel. *Basil.* 1746, *in*-4. *v. f.*

2 . .   391. De Amoribus Pancharitis et Zoroæ, poema, auct. Petit Radel. *Parisiis, an* ix, *in*-8. *fig. v. r.*

4 . 95   392. Les Amours de Zoroas et de Pancharis, par Petit Radel, trad. du latin. *Paris*, 1802, 4 *tom. rel. en* 2 *vol. in*-8. *v. m.*

3 . . .   393. Jean Second, traduction libre en vers des Odes, des Baisers, avec le texte latin, par Loraux. *Paris*, 1812, *in*-8. *br.*

9 . 8 . 80   394. Sarcotis, etc. Carmina. *Paris. Barbou*, 1771, *in*-12. *v. m.* = Amœnitates poeticæ, sive Th. Bezæ, M. A. Mureti, etc. Carmina. *Parisiis, Barbou*, 1779, *in*-12. *v. m.*

9 . 8 . 5   395. J. Audoeni (Owen) Epigrammata, curâ A. A. Renouard. *Paris. P. Didot*, 1794, 2 *vol. in*-12. *br. Pap. Vél.* = Carmina ethica, ex div. auctoribus collegit A. A. Renouard. *Parisiis, P. Didot*, 1795, *in*-12. *br. Pap. Vél.*

3 . . . 385 Double br. — — — — — —

p.

m^{lle} Bardot.

p.

p.

p.

Cailleaux

p.

p.

394. Lam. n^t

395. Lam. n^t

Clerc.

396. Coul.

p.

398. Coul. **

399. Rol. tho..h.ty.

Clerc.

giroux
pipon
il y a 2 tomes 5 et le tome 6 manque   p.

p.

405. Lam. prtnpixencour.

Poètes françois.

396. De l'Etat de la poésie françoise dans les xiie et xiiie siècles, par de Roquefort. *Paris*, 1815, *in-*8. *br.*

397. Fabliaux et Contes des poètes françois des xiie, xiiie, xive et xve siècles, (par Barbazan.) *Paris*, 1756, 3 *vol. in-*12. *v. m.*

398. Fabliaux et Contes des poètes françois des xie, xiie, xiiie siècles, etc. tirés des meilleurs auteurs, publiés par Barbazan, nouvelle édition, augmentée par M. Méon. *Paris*, 1808, 4 *vol. in-*8. *fig. br.* Pap. de Hollande, dont il n'y a que très-peu d'exemplaires.

399. Fabliaux et Contes du xiie et du xiiie siècles, par Le Grand d'Aussy. *Paris*, 1779, *les tomes* 2, 3 *et* 4, *in-*8. *v. m.*

400. Blasons, poésies anciennes des xve et xvie siècles, extraites de différens auteurs imprimés et manuscrits, par M. Méon. *Paris*, 1809, *in-*8. *br. Pap. de Hollande.*

401. Annales poétiques. *Paris*, 1778, 40 *tom. rel. en* 20 *vol. in-*12. *v. m.*

402. Nouvelle Elite de poésies héroïques et gaillardes de ce temps. *Utrecht*, 1737, *in-*12. *v. b.*

403. Elite de poésies fugitives. *Londres*, 1764, 6 *vol. in-*12. *v. m.*

404. L'Ordène de chevalerie, (poëme de Hues de Tabary,) avec une dissertation sur l'origine de la langue françoise. *Paris*, 1759, *in-*12. *bas.* = Le Castoiement, ou Instruction du père à son fils. *Paris*, 1760, *in-*12. *v. porph.*

405. Le Roman de la Rose, par Guil. de Lorris et Jehan de Meung, revu et corrigé par M. Méon. *Paris, de l'imp. de Didot l'aîné,* 1813, 4 *vol. in-*8. *fig. br. Pap. de Hollande, dont il n'a été tiré que cinq exemplaires.*

406. Le Chemin de long estude, de dame Christine de Pise. *Paris*, 1549, *in-*18. *v. m.*

407. Œuvres de Clément Marot. *La Haye*, 1731, 6 *vol. in-*12. *v. j.*

408. Œuvres de Louise Charly, dite Labé. *Lyon*, 1762, *in-*8. *v. m.*

409. Œuvres poétiques de Mellin de Saint-Gelais. *Paris*, 1719, *in-*12. *v. b.* = Poésies du P. du Cerceau. *Paris*, 1785, 2 *vol. in-*12. *v. m.*

410. Œuvres de Regnier. *Londres*, 1746, 2 *tom.* en 1 *vol. in-*12. *v. m.* = La Religion, poëme, par L. Racine. *Paris*, 1763, *in-*12. *v. m.*

411. Poésies de Malherbe. *Paris*, *Barbou*, 1776, *in-*8. *v. m.*

412. Œuvres de madame et mademoiselle Deshoulières. *Paris*, 1747, 2 *vol. in-*12. *v. m.* = Œuvres de Chaulieu. *Paris*, 1757, 2 *vol. in-*12. *v. m.*

413. Contes et Fables de La Fontaine. *Hambourg*, 1731, 4 *tom.* en 1 *vol. pet. in-*12. *m. r.*

414. Contes et Nouvelles en vers, par J. de La Fontaine. *Amst.* 1762, 2 *tom.* en 1 *vol. in-*8. *v. porph.*

Les figures n'y sont point.

415. Les Œuvres de Boileau. *Paris*, 1735, 2 *vol. in-*12. *v. j.*

416. La Madeleine au désert de la Sainte-Baume, poëme, par le P. Pierre de Saint-Louis. *Lyon*, 1694, *in-*12. *v. b.* = Les Rimes redoublées, de d'Assoucy. *Paris*, *in-*12. *v. b.*

417. Contes et Poésies érotiques de Vergier. *Paris*, 1801, 2 *tom.* en 1 *vol. in-*18. *v. j.* = Idylles, ou Contes champêtres, par madame Petigny, née Lévesque. *Paris*, 1803, 2 *tom.* en 1 *vol. in-*18. *v. j.*

418. Œuvres de Malfilâtre. *Paris*, 1805, *in-*12. *cart.* = La Sphère, poëme, par Ricard. *Paris*, 1796, *in-*8. *v. r.*

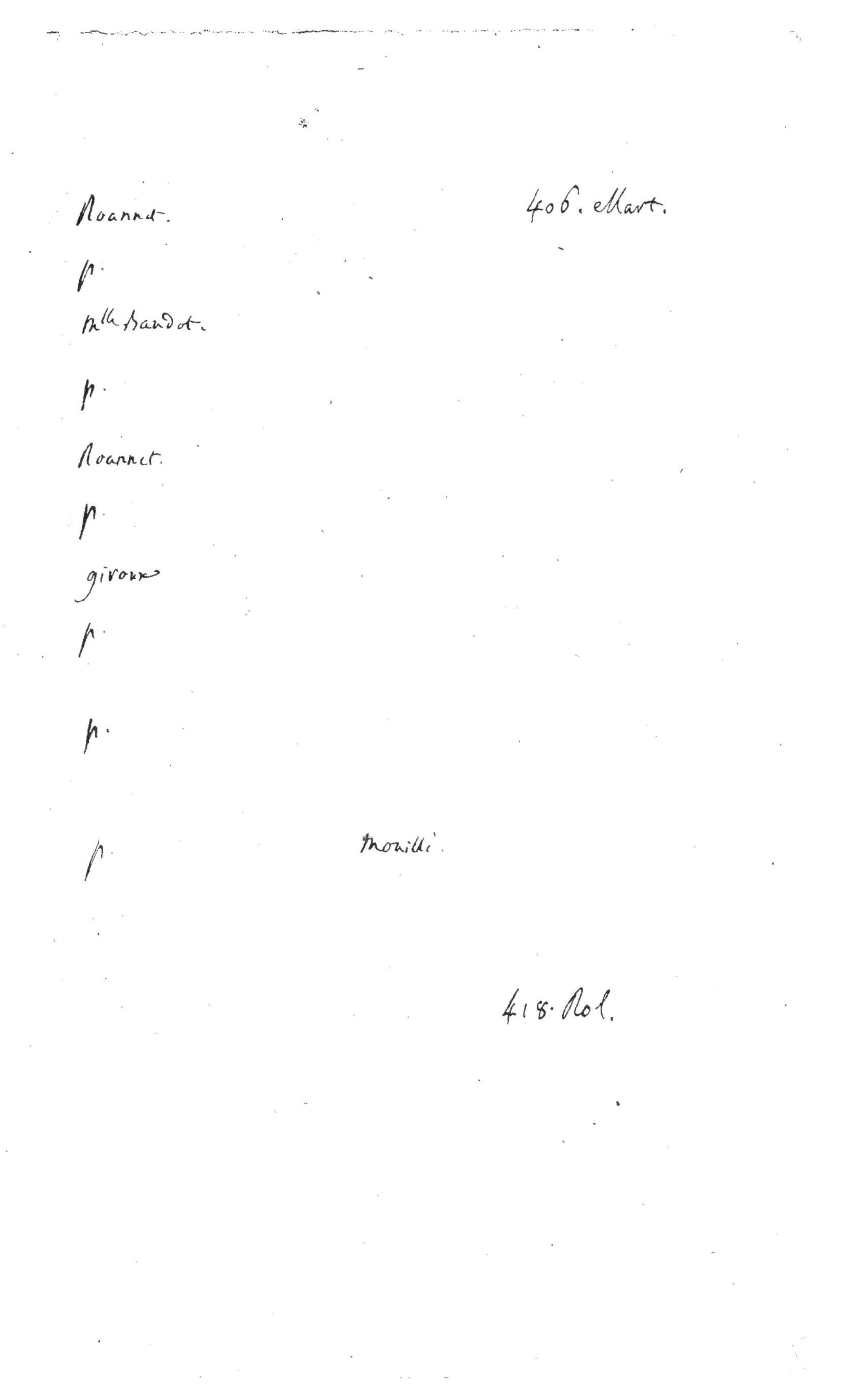

Roannet.

p.

Mlle Bandot.

p.

Roannet.

p.

giroux

p.

p.

p.

monilli.

406. Mart.

418. Rol.

423. Rol.

425. Rol.

431. anis.

p.
p.
p.
Roannet.
idem
piarre

harti

p.
giroue
clere.

419. Narcisse dans l'isle de Vénus, poëme, par
Malfilâtre. *Paris*, 1795, *in-12. cart. Pap. Vél.*

420. OEuvres de Bernard. *Paris*, 1803, *2 tom. en*
1 vol. in-8. v. j.

421. La Pucelle d'Orléans, poëme, par Voltaire.
Londres, 1775, *in-18. m. r.* = Le Vice puni, ou
Cartouche, poëme, (par Grandval.) *Paris*, 1725,
in-8. fig. v. b.

422. Les Saisons, poëme, (par de Saint-Lambert.)
Amst. 1773, *in-8. fig. v. m.*

423. Le Mérite des femmes, et autres poésies, par
Legouvé. *Paris*, 1813, *in-12. fig. v. r. dent.*
Pap. Vél.

424. La Pitié, poëme, par J. Delille. *Paris*, 1803,
in-8. br. = La Pitié, poëme, par le même. *Pa-*
ris, 1803, *in-18. br.* = Dithyrambe sur l'im-
mortalité de l'âme, par le même. *Paris*, 1802,
in-12. br. = Le Paradis perdu de Milton, trad.
par le même. *Paris*, 1805, *3 vol. in-18. br.*

425. La Conversation, poëme, par J. Delille. *Pa-*
ris, 1812, *in-8. fig. br.*

426. OEuvres diverses d'Evariste Parny. *Paris*,
1802, *2 vol. in-12. v. éc. Pap. Vél.*

427. Les Rose-Croix, et la Guerre des dieux, poëmes, par Parny. *Paris*, *l'an* VIII, *et* 1797, *2 vol.*
in-12. v. éc.

428. Mes Délassemens, ou Recueil de chansons,
et autres pièces fugitives, par Ravrio. *Paris*,
1805, *2 vol. in-8. br. Pap. Vél.*

429. Mes Passe-Temps, chansons, suivies de l'Art
de la danse, par Despréaux. *Paris*, 1809, *2 vol.*
in-8. br.

430. Colomb dans les fers, par de Langeac. *Paris*,
1782, *in-8. br. Gr. Pap.*

431. La Morale de l'enfance, par M. Morel de
Vindé. *Paris*, *l'an* II, *in-12. m. r. Pap. Vél.* =

Julie, ou la Religieuse de Nismes, drame, par Ch. Pougens. *Paris, an* iv, *in-*12. *br. Pap. Fin.*

2 .. 5 . 432. La Morale de l'enfance, par M. Morel de Vindé. *Paris, Didot,* 1800, *in-*12. *br. Pap. Vél.* = Poésies nationales, par Viellard. *Paris,* 1817, *in-*12. *br.*

2 .. 85 433. La Gastronomie, poëme, par J. Berchoux. *Paris,* 1805, *in-*18. *fig. br.* = Les Amours épiques, poëme, par Parseval Grandmaison. *Paris,* 1806, *in-*8. *br.*

2 .. 15 434. Le Troubadour, poésies occitaniques du xiiie siècle, trad. par Fabre d'Olivet. *Paris,* 1804, 2 *tom. en* 1 *vol. in-*8. *v. j.*

2 . 5 435. Pièces fugitives, en vers, par Piery. *Paris, de l'Impr. de Didot,* 1805, *in-*8. *v. r. dent. Pap. Vél.*

4 .. 5 . 436. Les Fleurs, idylles, suivies de poésies diverses, par C. Dubos. *Paris,* 1817, *in-*18. *fig. color. cart. Pap. Vél.*

9 . 2 .. 50 437. Œuvres poétiques de M. Malingre, savoir : L'Angleterre en miniature. *Paris,* 1801, *in-*8. *br. Gr. Pap.* = Appel à l'Angleterre. 1797, *in-*12. *br.* = Ode au premier consul. 1802, *in-*8. *br.*

Poètes Dramatiques françois, etc.

2 .. 80 438. De l'Art de la comédie, par de Cailhava. *Paris,* 1786, 2 *vol. in-*8. *v. m.*

18 . 95 439. Histoire universelle des théâtres de toutes les nations, (par Coupé, et autres.) *Paris,* 1779, 13 *vol. in-*8. *fig. v. m.*

1 .. 50 440. Recherches sur les théâtres de France, par de Beauchamps. *Paris,* 1735, 3 *vol. in-*8. *v. b.*

5 . 5 441. Histoire du Théâtre françois, par Parfait. *Paris,* 1745, 15 *vol. in-*12. *v. b.*

2 .. 50 442. Bibliothèque du Théâtre françois, depuis son

p.

p.

p.

Mesnil

idem

Desforges.

idem

p.

Houton   Rappaveillé

p.

448 m. pilons

Duchesne

Delforge.

l'anglai

p.

p.

Labitte.

nouton

p.

p.

p.

p.

p.

yergierie pou.

10 pièces d'ethecton à pixevecourt.

origine, par le duc de la Vallière. *Dresde,* 1768,
3 *vol. in-8. v. m.*

443. Collection d'environ cinq cents pièces des différens théâtres, de quelques opéras, etc. *In-4. in-8. et in-12. Elles seront vendues par lots.*

444. Recueil de pièces de théâtre, tragédies, comédies et opéras-comiques. 12 *vol. in-8. rel.*

445. Répertoire du Théâtre françois, premier et second ordre. *Paris,* 1813, 67 *vol. in-18. br.*
Edition stéréotype d'Hérban.

446. Les OEuvres de Montfleury. *La Haye,* 1735, 2 *vol. in-12. fig. v. b.* = Les OEuvres de Poisson. *Paris,* 1743, 2 *vol. in-12. v. m.*

447. OEuvres de Molière. *Paris,* 1749, 8 *vol. in-12. fig. v. m.*

448. Le Théâtre de Pierre et de Th. Corneille. *Paris,* 1747, 11 *vol. in-12. v. m.*

449. OEuvres de P. Corneille, avec le commentaire de Voltaire, et des notes par Palissot. *Paris, Didot l'aîné,* 1801, 12 *vol. in-8. v. éc. gr. pap.*
On y a ajouté les figures de Gravelot.

450. Chefs-d'œuvre de P. et de Th. Corneille, avec les commentaires de Voltaire. *Paris,* 1807, 3 *vol. in-8. br.*

451. OEuvres de Racine. *Paris,* 1736, 2 *vol. in-12. fig. v. m.*

452. OEuvres dramatiques de J. Racine. *Paris,* 1796, *in-4. cart.*

453. Les OEuvres de Regnard. *Paris,* 1731, 4 *vol. in-12. v. m.*

454. OEuvres de Dufresny. *Paris,* 1747, 4 *vol. in-12. v. m.*

455. Les OEuvres de d'Ancourt. *Paris,* 1706, 8 *vol. in-12. v. b.*

456. Le Théâtre de Baron. *Paris,* 1759, 3 *vol. in-12. v. m.* = Théâtre des Boulevards. 1756, 3 *vol. in-12. v. m.*

457. Les OEuvres de théâtre de de la Motte. *Paris,* 1730, 2 *vol. in-8. v. b.* = Tragédies de Campistron. *Paris,* 1707, *in-12. v. m.*

458. OEuvres de théâtre de Le Sage. *Paris,* 1774, 2 *vol. in-12. v. m.*

459. Pièces de théâtre, imitées ou corrigées par le comte de la Vallette, dont : l'Homme à la minute, comédie. *In-4. bas.*
Manuscrit sur papier.

460. OEuvres de Nivelle de la Chaussée. *Paris,* 1763, 5 *vol. in-12. v. m.*

461. Théâtre de Fagan. *Paris,* 1760, 4 *vol. in-12. v. m.*

462. OEuvres de La Grange Chancel. *Paris,* 1734, 3 *vol. in-12. v. j.* = OEuvres de La Fosse. *Paris,* 1747, 2 *vol. in-12. v. m.*

463. Les OEuvres de Crébillon. *Paris,* 1743, 3 *vol. in-12. v. m.*

464. OEuvres complètes de Crébillon. *Paris,* 1785, 3 *vol. in-8. fig. v. éc.*

465. Cornélie, Vestale, tragédie, (par Fuzelier et le président Hénault.) *Strawberryhill,* 1768, *in-8. br.* Rare.

466. Théâtre complet de Voltaire. *Lausanne,* 1772, 8 *vol. in-8. v. m.*

467. Théâtre de société, par Collé. *Paris,* 1777, 3 *vol. in-12. bas.*

468. OEuvres de théâtre de M. de Saint-Foix. *Paris,* 1762, 4 *vol. in-12. v. m.*

469. Les deux Gendres, comédie, par M. Etienne, *Paris,* 1812, avec la comédie de Conaxa, et toutes les pièces relatives à cette comédie. 2 *forts vol. in-8. v. éc.*

470. Histoire de l'ancien théâtre italien, par Parfait. *Paris,* 1753, *in-12. v. f.* = Histoire anecdotique et raisonnée du théâtre italien, (par Desboulmiers.) *Paris,* 1770, 7 *vol. in-12. v. m.*

Copie 147

Mme Courcien

r. de l'oteinn O

p.

p.

p.

p.

avec un 2.e exempl.

p.

p.

Desforges.

Clerc.

Desforges.

471. Rol.

avec 3 exempl. du quatrième Moraux   p.

Rouget.

grégoire p^on

p.

p.

Mouton

Ludot.

p.

p.

p.

Merlin.

471. Mémoires pour servir à l'histoire des spectacles de la foire, (par Parfait.) *Paris*, 1743, 2 *vol.*
*in-*12. *v. m.*

472. Histoire du théâtre de l'Opéra-Comique, (par
Desboulmiers.) *Paris*, 1769, 2 *vol. in-*12. *v. m.*

473. Le Théâtre italien de Ghérardi. *Paris*, 1741,
6 *vol. in-*12. *v. f.*

474. Les Parodies du nouveau théâtre italien, avec
les airs gravés. *Paris*, 1731, 3 *vol. in-*12. *v. m.*

475. Théâtre de Pannard. *Paris*, 1763, 4 *vol.*
*in-*12. *v. m.*

476. Œuvres complètes de Vadé. *Lyon*, 1787,
4 *vol. in-*12. *bas.*

477. Théâtre choisi de Favart. *Paris*, 1809, 3 *vol.*
*in-*8. *br.*

478. Anthologie françoise, ou Chansons choisies,
depuis le 13ᵉ siècle, par Monnet. 1765, 4 *vol.*
*in-*8. *v. m.*

479. Le petit Chansonnier françois. *Paris*, 1782,
3 *vol. in-*8. *v. j.*

480. Les Dîners du Vaudeville. *Paris, an* v, 10 *vol.*
*in-*18. *br.* = Recueil complet des chansons de
Collé. *Paris*, 1807, 2 *vol. in-*18. *br.*

481. Choix des Dîners du Vaudeville. *Paris*, 1811,
2 *vol. in-*18. *cart. Pap. Vél.*

482. Le Chansonnier du Vaudeville. *Paris, an* XIII,
6 *vol. in-*18. *br.* = Le Caveau moderne ; ou le
Rocher de Cancalle, chansonnier de table. *Pa-*
ris, 1807, 5 *vol. in-*18. *br.*

483. Le Chansonnier du Paradis, (par M. Robert.)
Philopolis, 1799 *et* 1801, *deux numéros, in-*12.
br. Pap. Vél.
Ces deux brochures ne se sont jamais vendues.

Poètes italiens, etc.

2.-5   484. La divine comédie de Dante Alighieri, l'Enfer, le Purgatoire et le Paradis, traduction littérale. 1751, *in-4. m. bl.*
Manuscrit sur papier.

2.-5   485. La divine comédie du Dante, (trad. par Colbert d'Estouteville), revue par Sallior. *Paris,* 1796, 3 *tom. en* 1 *vol. in-8. v. rac.*

4--- 486. Le même ouvrage. *Paris,* 1796, *in-8. cart. Pap. Vél.*

4..10 487. L'Enfer du Dante, trad. en françois, et accompagné du texte, par Moutonnet de Clairfons. *Paris,* 1776. = Vie du Dante, par Chabanon. *Paris,* 1773, *in-8. v. m.*

3.95 488. Le Cose volgari, di Fr. Petrarca. *in-12. v. b.*
Edition faite à Lyon, à l'imitation de celle d'Alde. Les feuillets sont chiffrés.

1.50 489. Il Petrarca. *In Vinegia,* 1526, *in-8. v. b.*

4--- 490. Roland furieux, trad. de l'ital. de l'Arioste, (par Mirabaud.) *La Haye,* 1741, 4 *vol. in-12. v. m.*

3..25 491. La Gerusalemme liberata, di T. Tasso. *Genova,* 1615, *in-12. fig. rél. en chagrin noir.*

3.10 492. Jérusalem délivrée, trad de l'ital. du Tasse, (par M. le Brun.) *Paris,* 1774, 2 *vol. in-12. v. m.* = L'Aminte du Tasse, en italien et en françois. *Paris,* 1734, *in-12. v. m.*

2.-- 493. Satire di Salvator Rosa. *In Amst.* 1719, *in-8. v. b.* = Pastor fido, en ital. et en françois. *Paris,* 1733, *in-12. v. m.*

4.95 494. Rime di C. Caporali. *In Perugia,* 1770, *in-4. v. b.*

3.--- 495. Le Berger fidèle, trad. en vers françois, avec le texte en regard. *La Haye,* 1702, *in-12. v. b.* = Le Seau enlevé de Tassoni, en italien et en françois. *Paris,* 1759, 3 *vol. in-12. v. m.*

Dabin

p.   avec 3 vol in 12. bro.

p olzy

p.

                                              488. C.

p.   tres sale et la dern. fllet dechir.
feudt.

p.

p.

p.

p.

p.

p.

malafait

p.

p.

Ludit.

malafait.

girons

au meme

girons

avec 3 autres Exempl. et deux brochures
in 4.° et 2 in 8°.

avec 2 autres exempl. et 2 brochures 8°

p.

avec 3 Brochures.

girons

malafait

p.

496. Le tragedie di Giov. Delfino. *In Padova, Comino*, 1733, *in-4. v. f.* 9.

497. Choix de Poésies allemandes, par Huber. *Paris*, 1766, 4 *vol. in-12. v. m.* 3 . 40.

498. Théâtre espagnol, par Linguet. *Paris*, 1770, 4 *vol. in-12. v. m.* 2 . 95

499. La Lusiade du Camoens, trad. en franç. par Duperron de Castera. *Paris*, 1735, 3 *vol. in-12. fig. v. m.* 3 . 15

500. Poétique angloise, par Hennet. *Paris*, 1806, 3 *vol. in-8. br.* 5 . 15

501. Le Paradis perdu de Milton, trad. de l'angl. *Paris*, 1778, 3 *vol. in-12. v. m.* 2 . 5

502. Le même, trad. de l'angl. par Salgues. *Paris*, 1807, *in-8. cart. Pap. Vél.* 3 . 5

503. Comus, masque de Milton, en ital. et en franç. *Paris, de l'impr. de Didot*, 1812, *in-4. cart.* 6 . 10

504. Il Como, favola boschareccia, di G. Milton, trad. in italiano, da Gaet. Polidori da Bientina. *Parigi, F. Didot*, 1812, *in-8. cart. Pap. Vél.* 3 . 30

505. Essais sur la critique et sur l'homme, par Pope, en anglois et en françois. *Londres*, 1737, *in-4. dem. rel.* } 2 . 50

506. Les Saisons, poëme, trad. de l'anglois de Thomson. *Paris*, 1779, *in-8. fig. v. éc.*

507. Les Nuits d'Young, trad. de l'anglois de Le Tourneur. *Paris*, 1770, 2 *vol. in-12. v. m.* = Satyres du prince Cantemir, trad. en françois. *Londres*, 1749, *in-12. v. m.* 2 .

508. Lettres sur le Théâtre anglois, avec une traduction de l'Avare de Shadwell, etc. 1752, 2 *vol. in-12. v. m.* 3 . 20

Mythologie. Fables et Apologues.

509. Bibliothéque d'Apollodore, en grec et en 13 . 12

502 Double pap. ordin. _ _ _ _ _ _ _ — 1 . 80

franç. trad. par Clavier. *Paris*, 1805, 2 *vol. in-*8.
v. éc. dent.

510. Hygini Fabulæ. *Lugd. Bat.* 1670, *in-*12. *v. f.*
= Les trois Livres de la Bibliothéque d'Apollodore, trad. du grec, par J. Passerat. *Paris*, 1605,
*in-*12. *v. b.*

511. Histoire du Ciel, par Pluche. *Paris*, 1739,
2 *vol. in-*12. *fig. v. b.*

512. L'Origine des dieux du Paganisme, suivie des
poésies d'Hésiode, trad. par Bergier. *Paris*, 1774,
2 *vol. in-*12. *v. m.*

513. La Mythologie et les fables expliquées par
l'histoire, par l'abbé Banier. *Paris*, 1738, 8 *vol.
in-*12. *v. b.*

514. Histoire véritable des temps fabuleux, par
Guérin du Rocher. *Paris*, 1776, 3 *vol. in-*8. *v. m.*
= Hérodote historien du peuple hébreux sans
le savoir. *La Haye*, 1786, *in-*8. *bas.*

515. Lettres à Emilie, sur la Mythologie, par
Demoustier. *Paris*, 1801, 4 *vol. in-*18. *v. j.*

516. Arabesques mythologiques, ou les attributs
de toutes les divinités de la fable, par madame
de Genlis. *Paris*, 1810, 2 *vol. in-*12. *fig. br.*

517. Dictionnaire portatif de la Fable, par Millin.
Paris, 1801, 2 *vol. in-*8. *v. r.*

518. Dictionnaire de la Fable, par Noël. *Paris*,
1810, 2 *vol. in-*8. *br.*

519. Les Voyages de Cyrus, par Ramsay. *Paris*,
1727, 2 *vol. in-*12. *v. m.*

520. Les trois Fabulistes, Esope, Phèdre et La Fontaine, publiés par MM. Chamfort et Gail. *Paris*,
1796, 4 *vol. in-*8. *br.*

521. Les Fables d'Esope mises en françois. *Paris*,
1731, *in-*12. *fig. v. m.* = Les Fables de Phèdre, en
latin et en françois. *Paris*, 1776, *in-*12. *v. m.*
= Fables de Desbillons, en latin et en françois.
Paris, 1780, *in-*12. *v. m.*

malafait.

p.

p.

simonnet.

idem

p.

p.

Le clerc.

s13. thor. am[t]

s18. pil. mz[t] thor. ah[t]

p.

uDecoy

p.

clerc.

p.

gregoire pier

le titre d'apulie gaté.

malefait.

p.

p.

p.

p.

p.

p.

p.

pierre

p.

martin

p.

522. Fables de Lessing, trad. de l'allem. *Paris,*
in-12. v. m. = Fables nouvelles, et Psyché,
poëme, par l'abbé Aubert. *Paris,* 1773, 2 *vol.*
in-12. v. m.

Facéties. Contes et Nouvelles, etc.

523. Les Métamorphoses, ou l'Ane d'or d'Apulée,
trad. en franç. avec le texte en regard. *Paris,*
1787, 2 *vol. in-8. fig. v. m.*
524. Apulée, de l'esprit familier de Socrate, en lat.
et en franç. *Paris,* 1698, *in-12. v. m.* = Nocrion,
conte allobroge. 1747, *in-12. v. b.*
525. Le moyen de parvenir, (par Beroalde de Ver-
ville.) 1739, 2 *vol. in-12. v. f.*
526. Les Etrennes de la Saint-Jean, par le comte de
Caylus. *Troyes,* 1751, *in-12. v. m.* = Recueil de
ces Messieurs, par le même. *Paris,* 1745, *in-12.*
v. m.
527. Les Manteaux, par le comte de Caylus. *La*
Haye, 1746, *in-12. v. m.* = Le Momus françois,
ou les Aventures divertissantes du duc de Roque-
laure. *Cologne,* 1739, *in-12. v. f.*
528. Le Décameron de J. Boccace, trad. en franç.
Londres, 1779, 10 *vol. pet. in-12. fig. v. m.*
529. Les cent Nouvelles nouvelles, avec les figures
de Romain de Hooge. *Cologne,* 1701, 2 *vol. in-8.*
v. b.
530. Les cent Nouvelles nouvelles. *La Haye,* 1733,
2 *vol. in-12. v. f.*
531. Le Cabinet des Fées. *Paris,* 1785, 41 *vol. in-8.*
fig. v. m.
532. Bibliothéque des Génies et des Fées, (par de
la Porte.) *Paris,* 1765, 2 *vol. in-12. bas.* = Les
contes des Génies, trad. de l'anglois. *Amst.* 1766,
3 *vol. in-12. fig. v. m.*
533. Contes et Fables indiennes de Bidpai et de

Lokman, trad. de l'arabe, par Cardonne. *Paris,* 1778, 3 *vol. in*-12. *v. m.*

534. Les Mille et une Nuits, contes arabes, trad. par Galland. *Paris,* 1774, 8 *vol. in*-12. *v. m.*

535. Les Mille et une-Nuits, contes arabes, trad. en françois, avec la continuation. *Paris,* 1806, 9 *vol. in*-18. *br.*

536. Les Mille et un Jours, contes persans, trad. par Petis de la Croix. *Paris,* 1766, 5 *vol. in*-12. *v. m.*

537. Histoires, ou Contes du temps passé, par Perrault. *La Haye,* 1742, *in*-12. *fig. v. m.* = Acajou et Zirphile, conte, (par Duclos.) *A Minutie,* 1761, *in*-12. *fig. v. m.* = La Vallée de Tempé. *La Haye,* 1747, *in*-12. *v. m.*

538. Les Contes des Fées, par madame d'Aulnoy. *Paris,* 1774, 4 *vol. in*-12. *v. éc.*

539. Voyage merveilleux du prince Fan-Férédin dans la Romancie, (par le P. Bougeant.) *Paris,* 1735, *in*-12. *v. m.* = Histoire de la princesse Macarie. 1747, *in*-12. *v. m.*

540. Contes moraux, par Marmontel. *Paris,* 1765, 3 *vol. in*-12. *fig. v. m.*

541. Les Grâces, conte anacréontique, trad. de l'allem. de Gerstenberg. *Paris,* 1769, *in*-8. *fig. v. porph.*

Romans grecs.

542. De l'usage des Romans, par Lenglet Dufresnoy. *Amst.* 1734, 2 *vol. in*-12. *v. m.*

543. Bibliothéque des Romans grecs, trad. en franç. *Paris,* 1797, 12 *tom. rel. en* 5 *vol. in*-12. *v. r.*

544. Longi Pastoralium de Daphnide et Chloe libri iv; gr. et lat. cum notis J. B. C. d'Ansse de Villoison. *Paris.* 1778, 2 *tom. en* 1 *vol. in*-8. *v. m.*

545. Daphnis et Chloé, trad. du grec de Longus, en vers latins, par Petit Radel. *Paris, in*-8. *br.*

546. Les Amours pastorales de Daphnis et Chloé,

Labitte .   534. amis.

Pigorreau

                                                 537. amis.

giroux   avec une flle manuscrite 538. amis.
                   ou 24 pages.

Ludet.

p.

Pigorreau   piqué des vers.

                                          543. Mathon. az +
p.
                                          544. Lam. x +
p.
Meilhac   ~~545. Mathon.~~

547. Man. x† le titre d'abrocome tout gaté.

Vendu cinq lots, à différentes personnes.

549. of.   p.

                                        malafait.

                                        pigoreau

552. pil. am†

                                        p.

                                        p.

                                        Le Roy

trad. du grec de Longus, par Amyot. *Bouillon,*
1776, *in-12. fig. v. m.* = Les Amours de Clito-
phon et de Leucippe, trad. du grec d'Achilles
Tatius. *Amst.* 1733, *in-12. v. b.*

547. Les Amours d'Isméne et d'Isménias, trad. du
grec d'Eustathe. *La Haye,* 1743, *in-8. fig. v. m.*
Les Amours d'Abrocome et d'Anthia, trad. du
grec de Xénophon. 1768, *in-8. bas.*

Romans françois rangés par ordre alphabétique.

548. Collection de 260 volumes *in-12.* de Romans
la plupart modernes, qui seront détaillés.

549. Lectures amusantes, ou Choix varié de
Romans, Contes moraux, etc. *Paris,* 1771, 4 *vol.*
in-12. dem. rel.

550. Choix de petits Romans de différens genres,
(par le marquis de Paulmy.) *Paris,* 1789, 2 *vol.*
in-18. v. éc.

551. Romans, par madame de Genlis, dont : la
duchesse de la Vallière, 2 *vol. in-12.* Madame de
Maintenon, 2 *vol. in-12. en tout,* 15 *vol. in-12. br.*

552. Romans, par Pigault le Brun, 12 *vol. in-12.*
savoir : les Barons de Felsheim. *Paris,* 1813,
4 *vol. br.* = L'Homme à projets. *Paris,* 1808,
4 *vol.* = Tableaux de société. *Paris,* 1813, 4 *vol.*
in-12. br.

553. Abbassaï, histoire orientale, (par Mlle Fauque.)
Paris, 1753, *in-12. v. b.* = Psaphion, ou la Cour-
tisane de Smyrne, (par de Querlon.) *Londres,*
1748, *in-12. v. f.*

554. Amélia et Caroline, ou l'Amour et l'Amitié,
par Mme Keralio-Robert. *Paris,* 1808, 5 *vol.*
in-12. br.

555. Les Amours de madame d'Elbeuf, nouvelle
histor. *Amst.* 1739, *in-8. v. b.* = Histoire du
prince Apprius. *In-12. v. b. avec la clef manuscrite.*

BELLES-LETTRES.

6 - 45 556. Les Amours du chevalier de Faublas, par Louvet. *Paris, l'an* vi, 4 *vol. in-8. br.*

1 - 80 557. Ancienne chronique de Gérard d'Euphrate, duc de Bourgogne. *Paris,* 1783, 2 *vol. in-12. v. m.*

4 - 10 558. Les Aventures d'Abdalla, (par J. P. Bignon et Colson.) *Paris,* 1773, 2 *vol. in-12. v. m.* = Les Bijoux indiscrets, par Diderot. *Au Monomotapa,* 2 *vol. in-12. fig. v. b.*

7 - 85 559. Les Aventures de Télémaque, par de Fénelon. *Paris,* 1781, 4 *vol. in-18. br.* = Tom Jones, imité de Fielding, par de la Place. *Paris,* 1784, 4 *vol. in-18. br. Ces deux ouvrages font partie de la collection d'Artois en papier ordinaire.*

2 - 85 560. Les Aventures de Télémaque, par de Fénelon, pour l'éducation du Dauphin. *Paris, Didot aîné,* 1784, 2 *vol. in-8. rel. en cart.*

18 - — 561. Les Aventures de Télémaque, par de Fénelon. *Paris, de l'Imp. de Didot jeune,* 1790, 2 *vol. gr. in-8. fig. cart. Pap. Vél.*

3 - 5 562. Les Aventures de Télémaque, par Fénelon. *Paris, an* vii, 2 *vol. in-18. v. r.*

2 - 5 563. Telemachiados lib. xxiv, auct. Fénelon, in lat. carmen transtulit S. A. Viel. *Paris.* 1808, *in-12. v. rac.*

2 - — 564. Gli Avvenimenti di Telemaco, tradotti dal Sig. Salignac de Fénelon, per B. D. Moretti. *Leiden,* 1719, 2 *vol. in-12. v. f.*

2 - 55 565. Bélisaire, par Marmontel, avec l'examen. *Paris,* 1767, 2 *part. en* 1 *vol. in-12. fig. v. m.* = Amin, ou ces derniers temps. *Paris, an* vi, *in-12. br. Pap. de Holl.*

2 - 20 566. Le Caloandre fidèle, trad. de l'italien d'Ambr. Marini. *Amst.* 1740, 3 *vol. in-12. v. b.*

2 - 30 567. Clémence de Lautrec. *Paris, an* vii, 2 *tom. en* 1 *vol. in-12. bas.* = Les Confidences d'une jolie femme. *Paris,* 1775, 2 *vol. in-12. v. m.*

p.

p.

p.

girous

girous

martin

p.

giroux

p.

p.

p.

p.

imperfait -

n°60. Lam. px^t

p.

p.

p.

p.

p.

p.

p.

piganau

la motte

p.

Le Roy

p.

568. Clémence Isaure, et les Troubadours, par Léon de la Mote. *Paris*, 1808, 5 *vol. in-12. br.*   2 - 60.

569. Conrard, ou le Croisé, trad. de l'allemand. *Paris, an* VII. = Les Aventures de mon père, par Kotzebue, trad. de l'allemand. *Paris, an* VII, 2 *tom. en* I *vol. in-12. bas.*   1 - 95.

570. Le Cousin de Mahomet, (par Fromaget.) 1770, 2 *vol. pet. in-12. v. éc.* = Légende dorée, ou Histoires morales, (par Molé.) *Genève*, 1768, *in-12. v. f.*   3 - 55.

571. Le Diable Boiteux, par le Sage. *Paris*, 1779, 2 *vol. in-12. fig. v. m.* = Histoire de Manon Lescaut, par l'abbé Prévost. *Amst.* 1753, 2 *vol. in-12. dem. rel.*   3 - 25.

572. Les Enfans de l'Abbaye, par madame Roche, trad. de l'anglois. *Paris, l'an* VI, 6 *tom. rél. en* 3 *vol. in-12. fig. v. r.*   7 - 60

573. Les Epoux malheureux, histoire de M. et Mme de la Bédoyère. *Paris*, 1768, 2 *vol. in-12. v. éc.* = Histoire de la comtesse de Gondez. *Paris*, 1751, 2 *vol. in-12. bas.*   3 - 30.

574. Gabriel, ou le Fanatisme, par M. L. de la Mothe Houdancourt. *Paris*, 1809, 4 *vol. in-12. br.*   2 - 90.

575. Grandor, ou le Héros abissin. *Paris*, 1789, 2 *vol. in-12. bas.* = Les Chevaliers normands en Italie et en Sicile, par madame Vict. de Chastenay. *Paris*, 1816, *in-8. br.*   4 - 55.

576. Hau-Kiou-Choaan, histoire chinoise, trad. de l'angl. *Lyon*, 1766, 2 *vol. in-12. v. m.* = Mémoires de Cécile, par de la Place. *Paris*, 1751, 2 *vol. in-12. v. m.*   2 - 20.

577. Histoire d'Emilie Montague, trad. de l'angl. *Paris*, 1770, 2 *vol. in-12. v. m.* = L'infortuné Napolitain. *Paris*, 1709, 2 *vol. in-12. v. m.*   2 - 90.

578. Histoire de Gilblas de Santillane, par le Sage. *Paris*, 1747, 4 *vol. in-12. fig. v. f.*   7 - 5.

D

2.

576 Double br - - - - - - -

4 . 15 . 579. Histoire d'Inès de Léon, par Montjoie. *Paris*,
          1805, 6 *vol. in-12. br.*

2 . 70   58o. Histoire de miss Jenny, par madame Ricco-
          boni. *Paris*, 1764, 2 *vol. in-12. v. m.* = Le Juge
          prévenu. *Paris*, 1754, 2 *vol. in-12. v. m.*

4 . 5o   581. Histoire de quatre Espagnols, par Montjoye.
          Paris, 1802, 4 *vol. in-12. br.*

7 . 5o   582. Histoire des Amours de Henri IV. *Leyde*,
          1663, *in-12. v. m.*

2 . -   583. Histoire du chevalier du Soleil. *Paris*, 1780,
          2 *vol. in-12. v. m.*

2 . 9o   584. Histoire du vaillant chevalier Tiran le Blanc,
          trad. de l'espagnol. *Londres*, 2 *vol. in-8. v. éc.*

         585. Histoire secrète de Bourgogne, (par made-
          moiselle de la Force.) *Paris*, 1710, 2 *vol. in-12.*
2 . -   *v. m.*
         586. Ibrahim, ou l'illustre Bassa, par de Scudéry.
          Paris, 1641, 4 *vol. in-8. vél.*

4 . 15   587. Illyrine, ou l'Ecueil de l'inexpérience, par
          G. de Morency. *Paris*, an VII, 3 *vol. in-8. v. rac.*

5 . 95   588. Les Incas, par Marmontel. *Paris*, 1777, 2 *vol.*
          in-8. fig. v. éc.

5 . -   589. Les Journées amusantes, par madame de Go-
          mez. *Paris*, 1728, 8 *vol. in-12. fig. v. b.*

3 . 4o   590. Irma, ou les Malheurs d'une jeune Orpheline,
          par madame Guenard. *Paris*, an VIII, 6 *tom. en*
          3 *vol. in-18. bas.*

4 . 15   591. Julie, ou la nouvelle Héloïse, par J. J. Rous-
          seau. *Amst.* 1761, 6 *vol. in-12. fig. v. b.*

1 . 8o   592. Lettres de Ninon de Lenclos, au marquis de
          Sévigné. *Amst.* 1750, 2 *part. en* 1 *vol. pet. in-8.*
          v. f.

3 . -   593. Lettres Persanes, par Montesquieu. *Amst.*
          1776, *in-12. v. m.* Lettres familières, du même.
          Paris, 1767, *in-12. v. m.* = Œuvres posthumes,
          du même. *Paris*, 1798, *in-12. v. m.*

4 . -   594. Les Liaisons dangereuses, par Choderlos de

p.

p.

p.

Rouget.

pigorreau

idem

p.

pigorreau

fournier

p.

p.

p.

Roannd—

p.   et un 4e vol. Des œuvres posth. De Montesquieu
       chez nous.

giroux

sgs. amis.

p.

p.

p.

p.

fournier

p.

p.

Gos. and.

p.

roannet.

la Clos. *Paris*, 1782, 2 *vol. in*-12. *v. m.* = Maria, ou le Malheur d'être femme, imité de l'anglois. *Paris*, 1798. = Jean Clergeot, ou le Danger de changer de nom. *Paris*, *l'an* VII, 2 *tom. en* 1 *vol. in*-12. *bas.*

595. Les Martyrs, ou le Triomphe de la religion chrétienne, par M. de Châteaubriand. *Paris*, 1810, 3 *vol. in*-8. *v. porph.*

596. Mémoires d'un jeune Homme qui s'est retiré du monde, par Everat. *Paris*, 1808, 6 *vol. in*-12. *br.*

597. Miss Glamour, ou les Hommes dangereux, trad. de l'anglois. *Paris*, *an* IX, 2 *tom. en* 1 *vol. in*-12. *fig. bas.* = L'Oreille, conte asiatique. *Paris*, 1789, 3 *tom. en* 1 *vol. in*-12. *v. r.*

598. Les Mystères d'Udolphe, par A. Radcliffe, trad. de l'angl. *Paris*, 1797, 4 *tom. en* 2 *vol. in*-12. *v. r.*

599. Polexandre, par Gomberville. *Paris*, 1641, 5 *vol. in*-8. *vél.*

600. Le Roman comique, de Scarron, et les nouvelles tragi-comiques, du même. *Paris*, 1731 *et* 1733, 7 *vol. in*-12. *v. f. et v. m.*

601. Rosa, ou la Fille mendiante, trad. de l'angl. de miss Bennett. *Paris*, 1798, 7 *vol. in*-12. *v. éc.*

602. Sethos, par Terrasson. *Paris*, 1731, 3 *vol. in*-12. *v. m.*

603. Sophie, ou Mémoires d'une jeune religieuse. *Paris*, 1790. = Harley, ou l'Homme sensible, trad. de l'anglois. *Paris*, 1797, *in*-8. *v. r.*

604. Les Soupers de Daphné, et les Dortoirs de Lacédémone, (par de Querlon.) *Oxfort*, 1740, *in*-12. *v. b.* Rare.

605. Tansai et Néadarné, par Crébillon fils. *Pékin*, 1743, 2 *vol. in*-12. *m. r.* = Le Sopha, par le même. 1749, 2 *vol. in*-12. *v. m.*

D ij

606. Téléphe, (par Pechmeja.) *Paris*, 1784, *in-8. v. m.* = Amours, ou Lettres d'Alexis et Justine, (par de Langle.) *Neuchâtel*, 1786, *in-8. v. m.*

607. Le Temple de Gnide, par Montesquieu. *Londres*, 1738, *in-12. m. r.*

608. Le Temps passé, ou les Malheurs de mademoiselle de Mo.... par madame Bournon Malarme. *Paris*, 1801, 2 *tom. en* 1 *vol. in-12. bas.* = Les Sonnettes, ou les Mémoires du marquis D. (par Guiard de Servigné.) *Utrecht*, 1749, *in-12. v. m.*

609. Traduction libre d'Amadis de Gaule, par le comte de Tressan. *Paris*, 1779, 2 *vol. in-12. v. f.*

610. Les Veillées de Thessalie, par mademoiselle de Lussan. *Paris*, 1782, 2 *vol. in-12. v. m.* = Le Siége de Calais, (par madame de Tencin.) *La Haye*, 1739, 2 *tom. en* 1 *vol. in-12. bas.*

611. Le Vieux de la Montagne, par Delisle de Sales. *Paris*, 1799, 4 *vol. in-12. br.*

612. L'Univers, narration épique, par Boiste. *Paris*, 1804, 2 *vol. in-8. br.*

613. Voyages de Gulliver, (trad. de l'anglois de Swift.) *Paris*, 1727, 2 *vol. in-12. v. f.* = Le véritable Ami, ou la Vie de David Simple, trad. de l'angl. *Amst.* 1749, 2 *vol. in-12. v. m.*

614. Zélie dans le désert, par madame d'Aubenton. *Paris*, 1788, 2 *vol. in-8. v. j.*

Critiques anciens et modernes.

615. Auli Gellii Noctes atticæ, studio J. L. Conradi. *Lipsiæ*, 1762, 2 *vol. in-8. v. m.*

616. Les Nuits attiques d'Aulu-Gelle, trad.. par l'abbé de Verteuil. *Paris*, 1776, 3 *vol. in-12. v. m.*

617. Les mêmes, en lat. et en françois, trad. par Vic. Verger. *Paris*, 1820, 3 *vol. in-8. br.*

p.

clerc.

pigorcan

p.

p.

pigorcan

p.

613. and.

p.

615. Lam. az$^+$ duch. n$^+$

p.

clerc

pillet.

617. Lam. n$^+$

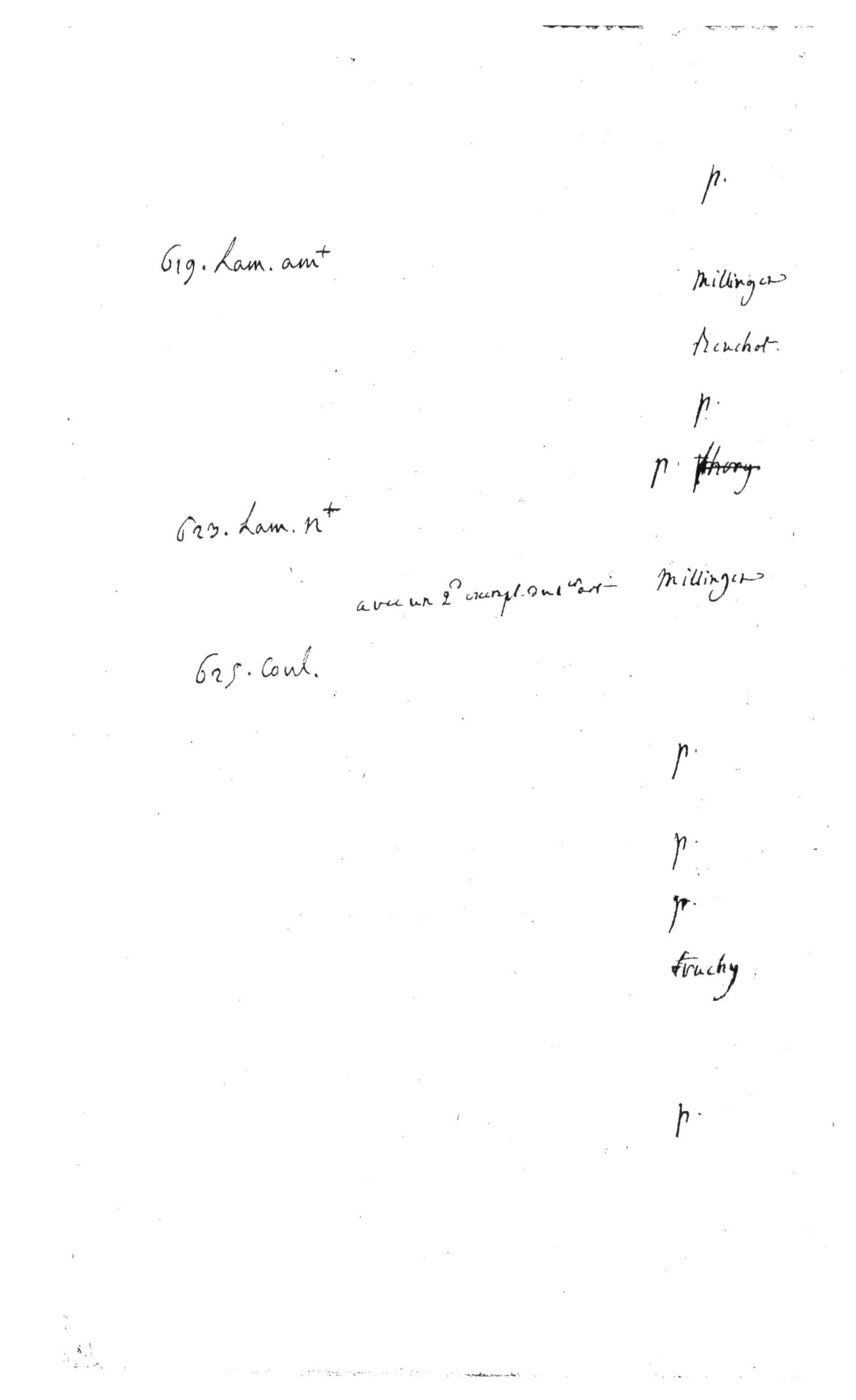

619. Lam. am^t

p.

millinger

Beuchot.

p.

p. ~~thony~~

623. Lam. n^t

avec un 2e exempl. sur tat—   millinger

625. Coul.

p.

p.

p.

Fruchy

p.

618. Recherches sur la vie et les écrits d'Homère,
     trad. de l'angl. de Blackwell. *Paris*, *an* VII. =
     Minéralogie homérique, par Millin. *Paris*,
     1790, *in-8. v. r.*

619. Mélanges de critique et de philologie, par
     Chardon de la Rochette. *Paris*, 1812, 3 *vol.*
     in-8. br.

620. Lettres de Clément à Voltaire. *Paris*, 1773,
     4 *vol. in-8. v. m.*

621. Observations critiques sur différens sujets de
     littérature, par Clément. *Genève*, 1771, 2 *vol.*
     in-8. v. m.

622. J. Clerici Ars critica. *Amst.* 1712, 3 *vol. in-12.*
     v. f.

623. Réflexions critiques sur la poésie et sur la pein-
     ture, par Dubos. *Paris*, 1770, 3 *vol. in-12. v. f.*

624. Examen oratoire des Eglogues de Virgile, par
     Genisset. *Paris*, 1802, *in-8. v. m.* = Lettre cri-
     tique de F. J. Bast sur Antoninus Liberalis,
     Parthenius, etc. *Paris*, 1805, *in-8. br.*

625. Lettres de quelques Juifs portugais, etc. à
     M. de Voltaire, par l'abbé Guenée. *Versailles*,
     1817, *in-8. br.*

626. Commentaire sur le Théâtre de Voltaire, par
     de la Harpe. *Paris*, 1814, *in-8. br.* = Commen-
     taires sur les Œuvres de J. Racine, par Luneau
     de Boisjermain. *Paris*, 1768, 3 *vol. in-12. v. m.*

627. Della perfetta poesia italiana, da L. A. Muratori.
     In Modena, 1706, 2 *vol. in-4. v. m.*

628. Miscellaneæ observationes criticæ novæ in
     auctores vet. et recent. auct. d'Orville. *Amst.*
     1740, 4 *vol. in-8. v. m.*

629. Remarques sur les tragédies de J. Racine, par
     L. Racine. *Paris*, 1752, 3 *vol. in-12. v. m.* =
     Commentaires sur le Théâtre de P. Corneille,
     par Voltaire. 1764, 3 *vol. in-12. v. m.*

630. Notices et Observations pour faciliter la lecture des Essais de Montaigne, par Vernier. *Paris*, 1810, 2 *vol. in*-8. *v. porph.*

631. Essai sur le génie original d'Homère, trad. de l'angl. de Wood. *Paris*, 1777, *in*-8. *v. m.* = De la Décadence des Lettres et des Mœurs depuis les Grecs et les Romains, par Rigoley de Juvigny. *Paris*, 1787, *in* 8. *v. j.*

Satyres. Dissertations critiques, etc.

632. Petronii Satyricon. *Lipsiæ*, 1731, *in*-8. *v. m.* = Satyre de Petrone, trad. par de Boispréaux. *La Haye*, 1742, *in*-8. *v. f.*

633. Petronii Arbitri Satyricon, ex recensione Pet. Burmanni, cum notis C. G. Antonii. *Lipsiæ*, 1781, *in*-8. *v. f.*

634. Titi Petronii Satyricon. *In*-12. *br.*
Cette édition n'est pas terminée. Une note manuscrite de M. Capperonnier dit qu'elle est rare.
Elle étoit donnée par Lallemand, du même format que les éditions de Barbou.

635. Petrone latin et françois, trad. par Nodot. *Amst.* 1736, 2 *vol. in*-12. *v. f.*

636. Le Chef-d'œuvre d'un inconnu, par Th. de Saint-Hiacinthe. *La Haye*, 1744, 2 *tom. en* 1 *vol. in*-8. *bas.* = Le Colporteur, histoire morale et critique, par de Chevrier. *Londres, in*-12. *v. m.*

637. J. B. Menckenii de Charlataneria eruditorum declamationes. *Amst.* 1716, *in*-12. *v. f.* = Le même ouvrage trad. en françois. *La Haye*, 1721, *in*-12. *v. j.*

638. Le Livre fait par force, ou le Mystificateur mystifié et corrigé. 1784, *in*-8. *bas.*

639. Lettre vraiment philosophique à M. l'évêque de Clermont, sur différentes motions qu'il a

Demann

630. Coul. and.
Man. e+

ſ

malafaid .

634. Lam. h+ C.

Noannet.

ſ

girou

ſ

p.

641. Man. 6+

p.

Clerc.

644. Lam. i+   malapaid.

Crozet.

+ et les tomes g et le brochés.   Simonet.

647. Coul.

648. Of. Mathon. x+

faites à l'Assemblée nationale, par l'abbé Rive. 1790, *in-8. v. r.*

640. Apologie d'Homère et Bouclier d'Achille, (par Boivin.) *Paris*, 1715, *in-12. cart.* = Homère défendu, par madame Dacier. *Paris*, 1706, *in-12. v. m.* = Homère vengé, (par Gacon.) *Paris*, 1715, *in-12. v. m.*

641. Stultitiæ laudatio, auct. Desid. Erasmo. *Paris. Barbou*, 1777, *in-12. v. m.* = L'Eloge de la Folie, trad. par Gueudeville. 1753, *in-12. fig. v. m.*

642. Essai historique, critique, philologique sur les Lanternes, (par Dreux du Radier.) *Dole*, 1755, *in-12. br.* = Histoire critique des Coqueluchons, (par D. Cajot.) *Cologne*, 1762, *in-12. br.*

643. Mémoires de l'Académie des Sciences, Inscriptions, etc. de Troyes en Champagne, par Grosley. 1768, *in-12. br.*

Sentences. Hiéroglyphes, etc.

644. Apophtegmata græca regum et ducum, etc. ex Plutarcho et Diogene Laertio, gr. et latine. *Excud. H. Stephanus*, 1568, *in-12. v. m.*

645. Trésor des sentences dorées, dicts, proverbes, etc. réduits selon l'ordre alphabétique, par Gab. Meurier. *Paris*, 1582, *in-18. v. b.*

646. Ana, ou Collection de bons mots, contes, etc. *Paris*, 1789, 8 *vol. in-8. v. m.*†

647. Amusemens d'un philosophe solitaire, ou Choix d'anecdotes, de l'histoire ancienne, etc. (par J. Bardou.) *Bouillon*, 1775, 2 *vol. in-8. v. m.*

648. L'Esprit d'Addison, ou les Beautés du Spectateur, du Babillard et du Gardien, trad. de l'anglois. *Yverdon*, 1777, 3 *vol. in-8. v. m.*

649. Hiéroglyphes dits d'Horapolle, trad. du grec, par Requier. *Paris*, 1779, *in-12. v. m.*

650. Omnia And. Alciati Emblemata. *Parisiis*, 1618, *in-8. m. r. fig. en bois. l. r.*

Polygraphes orientaux, grecs et latins.

651. Chrestomathie arabe, ou Extraits de divers écrivains arabes, tant en prose qu'en vers, en arabe et en françois, par M. Silvestre de Sacy. *Paris*, 1806, 3 *vol. in-8. br.*

652. Mélanges de traductions de différens ouvrages grecs, latins et anglois, par le Franc de Pompignan. *Paris*, 1779, *in-8.* = Traité de Plutarque sur la manière de discerner un flatteur d'avec un ami, en grec et en franç. trad. par du Theil. *Paris, Imp. Roy.* 1772, *in-8. v. m.*

653. Les Soirées littéraires, ou Mélanges de traductions nouvelles des plus beaux morceaux de l'antiquité, par J. M. L. Coupé. *Paris*, 1795, 20 *tom. rel. en* 10 *vol. in-8. v. r.*

654. Lucien, trad. par Perrot d'Ablancourt. *Paris*, 1707, 3 *vol. in-12. v. b.*

655. Les OEuvres de Lucien, trad. du grec, par l'abbé Massieu. *Paris*, 1781, 6 *vol. in-12. v. f.*

656. Philostrati Heroica, græce et lat. ex recens. J. F. Boissonade. *Parisiis*, 1806, *in-8. br.*

657. Leçons latines de Littérature et de Morale, par MM. Noël et Delaplace. *Paris*, 1816, 2 *vol. in-8. br.*

658. G. J. Vossii Ars rhetorica, et de historicis lat. lib. III. *Lugd. Bat.* 1623 *et* 1627, 2 *vol. in-4. v. f.*
Exemplaire de de Thou.

650. And.

651. Lam. ai+ Bou.

Malafaid.

Simonad.

653. Lam. mz+

f.

clerc.

labitte.

656. Lam. i+

crozet.

658. C.

659. cos. ai+ro^c.

661. Lam. h+

666. Coul..

668. Bou. ✱ cos. n+25^c.

Demanne

Crozet.

Clerc.

gregoirofili.

plugnet.

Roannet.

*Polygraphes françois, etc. rangés par ordre
alphabétique.*

659. Recueil de pièces sur la littérature, l'histoire,
les antiquités, etc. 11 *vol. in-8. et in-*12. *dem. rel.*   *15-55.*

660. Recueil de pièces, dont : Œuvres diverses de
Desmahis. *Genève*, 1763. = Caquet-Bonbec, la
Poule à ma Tante. 1763. = La Dunciade, ou la
Guerre des sots, (par Palissot.) 1764, *in-8. v. m.*
= Œuvres complètes de Desmahis. *Paris*, 1778,
2 *vol. in-*12. *v. m.*   *2.*

661. Opuscules philosophiques et littéraires, la
plupart posthumes ou inédits, (par Suard et
de Vauxcelles.) *Paris*, 1796, *in-*12. *v. rac.* =
Œuvres de Boindin. *Paris*, 1753, 2 *vol. in-*12.
v. m.   *3.*

662. Leçons françoises de Littérature et de Morale,
par MM. Noël et Delaplace. *Paris*, 1812, 2 *vol.*
in-8. br.   *7-15.*

663. Les Œuvres de Chapelle et de Bachaumont.
Paris, 1755, *in-*12. *v. m.* = Idylles et poëmes
champêtres de Gessner, et la Mort d'Abel, trad.
de l'allemand. *Lyon*, 1762, 3 *vol. in-*12. *v. m.*   *2-30.*

664. Essais dans le goût de ceux de Montaigne, (par
d'Argenson.) *Amst.* 1785, *in-8. v. éc.*   *5-50.*

665. Œuvres complettes de l'abbé Arnaud. *Paris*,
1808, 3 *vol. in-8. br.*   *1-50.*

666. Discours et Mémoires, contenant des éloges,
les rapports sur le magnétisme, etc. par J. S.
Bailly. *Paris*, 1790, 2 *vol. in-8. br.*   *5.*

667. Œuvres diverses de J. J. Barthélemy. *Paris*,
an VI, 2 *vol. in-8. v. rac.*   *8-95.*

668. Opuscules de l'abbé Barthélemy, savoir : Explication de la mosaïque de Palestrine. *Paris*, 1760,
*in-*4. *fig. br.* = Lettre au marquis Olivieri, sur
quelques monumens phéniciens. 1767, *in-*4. =   *20*

662 — Double D. 1805, 2 vol. br. — — — — — — —   5- 20.

Trois autres Mémoires sur le même sujet. = Dissertation sur une ancienne inscription grecque relative aux finances des Athéniens. *Paris*, 1792, *in*-4. *fig. br.* = Essai sur la Vie de Barthélemy, par le duc de Nivernois. 1795, *in*-4. *br.*

669. OEuvres complètes de P. A. Caron de Beaumarchais. *Paris*, 1809, 7 *vol. in*-8. *en feuilles. fig. avant la lettre. Pap. Vél.*

670. OEuvres badines et morales, historiques, etc. de J. Cazotte. *Paris*, 1816, 4 *vol. in*-8. *cart. fig. avant la lettre. Pap. Vél.*

671. Fruits de la solitude et du malheur, par Félix Faulcon. *Paris, l'an* iv. = Extraits de mon Journal, par le même. *Paris*, 1791, *in*-8. *v. m.*

672. Mélanges législatifs, historiques et politiques, par F. Faulcon. *Paris*, 1801, 3 *vol. in*-8. *br.*

673. OEuvres de Fontenelle. *Paris, Belin*, 1818, 3 *vol. in*-8. *br.*

674. OEuvres de Gresset. *Londres*, 1772, 2 *vol. in*-12. *v. m.* = OEuvres complètes du card. de Bernis. *Londres*, 1768, *in*-12. *v. m.*

675. OEuvres choisies et posthumes de La Harpe. *Paris*, 1806, 4 *vol. in*-8. *br.*

676. Recueil d'Opuscules de La Harpe, dont : le Salut public, ou la Vérité dite à la convention, etc. *Paris, l'an* iii, *in*-8. *v. r.*

677. Opuscules de M. P. A. Lair, dont : Notices historiques lues à la société d'Agriculture de Caen. 1807. = Rapports sur les expositions du produit des arts du département du Calvados. *Caen*, 1806, *etc.* 5 *part. in*-8. *br.*

678. OEuvres complètes de madame la marquise de Lambert. *Paris*, 1808, *in*-8. *br.* = OEuvres de Duclos. *Paris, Belin*, 1820, *in*-8. *br. le tome* 2ᵈ.

679. OEuvres choisies de P. Laujon. *Paris*, 1811, 4 *vol. in*-8. *br. fig. avant la lettre. Pap. Vél.*

680. Etudes de littérature, d'histoire et de philo-

et la notice par l'abbé Barthelemy, par le baron de
Sainte Croix

malefard.

p.

670. Mart. cheap.

La Loy

idem

p.

pluquet —

p.

p.

Laloy

680. coul.

Cordier

p.

p.

p.

gregoire fils.

pierre

g. waric

p.

p.

laloy

Benglus

pierre

limonnet.

sophie, extraites de nos meilleurs ouvrages, par
de Levizac. *Paris,* 1812, 2 *vol. in-8. br.*

681. Œuvres de A. M. Le Mierre. *Paris,* 1810,
3 *vol. in-8. br.*

682. Essais de Michel de Montaigne. *Paris,* 1796,
4 *vol. in-8. v. r.*

683. Essais de Montaigne. *Paris, Didot,* 1802,
4 *vol. in-8. v. éc. dent. édition stéréotype.*
Exemplaire avec la préface de Naigeon, dont il n'existe que
quelques exemplaires.

684. Œuvres mêlées de l'abbé Nadal. *Paris,* 1738,
2 *vol. in-12. v. m.* = Chefs-d'œuvre de Saurin.
Paris, 1788, *in-18. v. rac.*

685. Variétés littéraires, par d'Orbessan. *Auch,*
1778, 2 *vol. in-8. v. m.*

686. Œuvres complètes de Palissot. *Paris,* 1809,
6 *vol. in-8. v. j.*

687. Œuvres choisies d'Ant. P. A. de Piis. *Paris,*
1810, 4 *vol. in-8. br.*

688. Œuvres complettes de Rivarol. *Paris,* 1808,
5 *vol. in-8. br.*

689. Œuvres diverses de J. B. Rousseau. *Amst.*
1726, 4 *tom. en* 3 *vol. in-12. v. b.*

690. Œuvres diverses de J. J. Rousseau. *Neuchâtel,*
1764, 10 *vol. in-8. v. m.*

691. Œuvres de Saint-Réal. *Paris,* 1724, 4 *vol.
in-12. v. f.*

692. Recueil d'Opuscules de E. Salverte, dont : Ro-
mances et poésies érotiques. 1798. = Un pot
sans couvercle et rien dedans. *An* VII. = Eloge
de Diderot, etc. 6 *part. in-8. br.*

693. Œuvres de Tourreil. *Paris,* 1721, 2 *vol. in-4.
v. f.*

694. Œuvres complètes de Vauvenargues. *Paris,*
1797, 2 *vol. in-12. v. r.*

695. Œuvres de madame de Villedieu. *Paris,* 1740,
12 *vol. in-12. v. j.*

105 — 696. Œuvres de Voltaire, avec des notes et des observations critiques, par Palissot. *Paris*, 1792, 56 *vol. in-8. v. porph.*

3 .. 697. Mélanges de littérature étrangère, (publ. par Millin.) *Paris*, 1785, 6 *tom. rel. en* 3 *vol. in-12. v. m.*

8 - - 698. Œuvres diverses de Pope, trad. de l'anglois. *Vienne*, 1761, 7 *vol. in-12. fig. v. éc.*

Epistolaires latins, etc.

5-50 699. Lettres de tendresse et d'amour, contenant les lettres de Julie à Ovide, etc. *Paris*, 1808, 4 *vol. in-12. br.*

700. C. Plinii Secundi epistolæ et panegyricus. *Lugd. Bat. ex offic. Elzevir.* 1640, *in-12. vél.*

5 - - - 701. C. Plinii Secundi epistolarum lib. x, cum annot. Gesneri. *Lipsiæ*, 1770, *in-8. v. j.*

2 - 55 702. Les Lettres de Pline le jeune, trad. en franç. par de Sacy. *Paris*, 1721, 3 *vol. in-12. v. m.*

7 - 95 703. Les mêmes, avec le Panégyrique de Trajan, en latin et en franç. trad. par de Sacy. *Paris*, 1808, 3 *vol. in-12. br.*

1 - 50 704. Lettres inédites de Henri IV, et de plusieurs personnages célèbres, publiées par Serieys. *Paris*, 1802, *in-8. br.*

48 - - 705. Recueil des Lettres de femmes célèbres, imprimé chez Léopold Collin, dont celles de Madame de Maintenon, 6 *vol.* de Marie Stuart et de Christine, reine de Suède, 3 *vol. En tout,* 31 *vol. in-12. br.*

18 - 50 706. Recueil des Lettres de madame de Sévigné, avec des réflexions, par S. J. B. de Vauxcelles. *Paris*, 1801, 10 *vol. in-12. v. r.*

5 - - 707. Recueil de Lettres de Mlle Delaunai, (madame de Staal.) *Paris, an* IX, 2 *vol. in-12. v. j.*
= Lettres intéressantes du pape Clément XIV,

2 - 50 702 Double 1773, 3 vol. pap. in-12 v. m — — —

pierre

p.

Ggy. Mathon. x+

p.

p.

p.

703. anis.

p.

g. Waris

37 vol. 6m

pierre

707. anis.

p.

708. amis.

La loy

p.

galliot.

le tome 9 est un supplement —   pierre

713. amis.

avec 2 volum.   p.

715. Lam. 6i+

716. Lam. azz+

Hey

Ganganelli, trad. de l'ital. et du latin. *Paris,*
1776, 2 *vol. in-*12. *v. r.*

708. Correspondance de madame du Deffand, avec
d'Alembert, Montesquieu, etc. *Paris,* 1809,
2 *vol. in-*8. *br.*

709. Lettres de la marquise du Deffand à Horace
Walpole. *Paris,* 1812, 4 *vol. in-*8. *br.*

710. Lettres de Mlle de Lespinasse, écrites depuis
1773, jusqu'en 1776. *Paris,* 1809, 2 *vol. in-*8. *br.*

711. Correspondance littéraire, par J. F. La Harpe.
Paris, 1801, 6 *vol. in-*8. *br.*

712. Correspondance littéraire, philosophique, etc.
par le baron de Grimm, et par Diderot. *Paris,*
1815, 17 *vol. in-*8. *v. j.*

713. Lettres choisies de Christine, reine de Suède.
Villefranche, 1759, 2 *vol. in-*12. *v. m.* = Lettres
de mademoiselle Aïssé. *Paris,* 1787, *in-*12. *v. m.*

HISTOIRE.

Géographie.

714. Lettres sur l'Histoire, par Bolingbroke, trad.
de l'anglois. 1732, 2 *vol. in-*12. *v. m.* = De la
Philosophie de l'Histoire, par l'abbé Bazin, (Voltaire.) *Genève,* 1765, *in-*8. *v. j.*

715. Recherches sur la Géographie des anciens,
par M. Gossellin. *Paris,* 1798, 4 *vol. in-*4. *fig. br.*
en cart. = Géographie des grecs analysée, par
le même. *Paris,* 1790, *in-*4. *fig. br. en cart.*

716. Géographie de Strabon, trad. du grec en franç.
(par MM. de la Porte du Theil, Gossellin,
Coray et Letronne.) *Paris,* 1805, 5 *vol. in-*4.
br. en cart.

2 - 35   717. Orbis antiqui monumentis suis illustrati primæ lineæ, edid. J. J. Oberlinus. *Argentor.* 1790, *in*-8. *v. r.* = Géographie de Virgile, par Helliez. *Paris,* 1771, *in*-12. *v. m.*

3 - - -   718. Géographie ancienne abrégée, par d'Anville. *Paris,* 1768, 3 *vol. in*-12. *v. m.*

7 - 90   719. Nouvelle Géographie universelle, de W. Guthrie, trad. de l'anglois. *Paris, an* VII, 4 *vol. in*-8. *et atlas in*-4. *cart.*

2 - 80   720. Géographie moderne, par Nicolle de la Croix. *Paris,* 1786, 2 *vol. in*-12. *v. éc.*

3 - - -   721. Géographie naturelle, hist. etc. par Robert. *Paris,* 1777, 3 *vol. in*-12. *v. m.* = Dictionnaire géographique, par Vosgien. *Paris,* 1772, *in*-8. *v. m.*

4 - 15   722. Dictionnaire de géographie universelle, par Vosgien. *Paris,* 1806, *in*-8. *v. b.*

1 - 65   723. Annali di Geografia e di statistica, da G. Graberg. *Genova,* 1802, 2 *vol. in*-8. *br.*

5 - 5   724. Atlas pour l'Histoire ancienne de Rollin, par d'Anville. *Paris,* 1740, *in*-4. *cart.*

4 - 10   725. Atlas portatif de la Géographie ancienne et moderne, par Hérisson. *Paris,* 1809, *in*-4. *obl. v. b.*

7 - 45   726. Nouvel Atlas portatif et élémentaire, par Bruée. *Paris,* 1816, *in*-4. *obl. cart.*

10 - 10   727. Atlas pour l'Histoire philosophique de l'établissement des Européens dans les deux Indes, par G. T. Raynal. *in*-4. *v. f.*

VOYAGES.

Voyages autour du monde, etc.

32 - 10   728. Le Voyageur françois, par l'abbé de la Porte. *Paris,* 1765, 34 *vol. in*-12. *v. m.*

p.

p.   Sans les cartes.

Dabino

p.

magnar

p.
p.
malafait.

p.

truchy

Hey

Desforges.

730. orlof.

734 anis. cheap.
735 anis.

737. quat. aa+ lang. ah+

p.

magnans

p.

truchy

p.

gab. warii

magnans

p.

simonnet

729. Les Voyageurs modernes, trad. de l'angl. (par de Puisieux.) *Paris*, 1760, 4 *vol. in-*12. *v. m.*

730. Journal d'un voyage autour du monde, par Banks et Solander, en 1768, 1769, etc. trad. de l'anglois. *Paris*, 1772. = Premier voyage de Byron à la mer du Sud, trad. de l'anglois. *Paris*, *an* VIII, *in-*8. *v. r.*

731. Nouveau Voyage autour du monde, en 1788, 1789 et 1790, par Pagès. *Paris*, 1797, 3 *vol. in-*8. *v. r.*

732. Histoire des nouvelles découvertes faites dans la mer du Sud, en 1767 jusqu'en 1770, par de Freville. *Paris*, 1774, 3 *vol. in-*8. *fig. v. m.*

733. Nouveau Voyage à la mer du Sud, par Marion. *Paris*, 1783, *in-*8. *v. m.* = Voyage du comte Duprat dans l'Inde. *Londres*, 1780, *in-*8. *br.*

734. Voyage en Syrie et en Egypte, en 1783, etc. par Volney. *Paris*, 1787, 2 *vol. in-*8. *fig. bas.*

735. Itinéraire de Paris à Jérusalem, par M. de Châteaubriand. *Paris*, 1811, 3 *vol. in-*8. *v. porph.*

736. Voyages de Saint-Pétersbourg dans diverses contrées de l'Asie, par J. Bell d'Antermony, trad. de l'angl. *Paris*, 1766, 3 *vol. in-*12. *v. m.*

737. Voyage du Bengale à Pétersbourg, par Forster, trad. de l'angl. avec des notes, par M. Langlès. *Paris*, 1802, 3 *vol. in-*8. *fig. v. rac.*

738. Voyage par le Cap de Bonne-Espérance à Batavia, à Bantam, etc. en 1768 et années suiv. par Stavorinus, trad. du holl. *Paris*, 1798, *in-*8. *fig. v. r.*

739. Voyages à Madagascar, à Maroc et aux Indes orientales, par A. Rochon. *Paris*, *an* x, 3 *vol. in-*8. *br.*

Voyages en Europe, Asie, etc.

740. Voyage à Constantinople, en Italie, etc.
(par M. de Salaberry.) *Paris, an* VII, *in-8.*
v. rac.

741. Voyage en Hollande et dans le midi de l'Allemagne, en 1806, par J. Carr, trad. de l'angl.
Paris, 1809, 2 *vol. in-8. et atlas in-4. br.*

742. Voyage pittoresque en Suisse et en Italie, par
Cambry. *Paris, l'an* IX, 2 *vol. in-8. fig. cart.*
Pap. Vél.

743. Voyage de Londres à Gênes, par Baretty,
trad. de l'anglois. *Amst.* 1777, 4 *vol. in-12. v. m.*

744. Voyage pittoresque de Paris et de ses environs,
par d'Argenville. *Paris*, 1770 *et* 1768, 2 *vol.*
in-12. fig. v. m.

745. Voyage dans le Finistère, ou Etat de ce département, en 1794 et 1795, (par Cambry.)
Paris, an VII, 3 *vol. in-8. fig. v. rac.*

746. Journal du Voyage de Montaigne en Italie.
Paris, 1774, 3 *vol. in-12. v. m.*

747. Voyage en Italie, par l'abbé Barthélemy.
Paris, 1802, *in-8. v. m.*

748. Voyage en Sicile et à Malthe, trad. de l'angl.
de Brydone, par Demeunier. *Paris*, 1776, 2 *vol.*
in-12. v. m.

749. Voyage en Espagne, par L. M. de Langle.
Paris, 1803, *in-8. v. m.* = Analyse du Voyage
pittoresque de Naples et de Sicile, faite par
l'abbé Brizard. *Paris*, 1787, *in-8. v. m.*

750. Voyage dans les isles Baléares et Pithiuses,
dans les années 1801 à 1805, par Grasset Saint-
Sauveur. *Paris*, 1807, *in-8. fig. br.*

751. L'Etranger en Irlande, ou Voyage dans les
parties méridionales de cette île, dans l'année

p·

magnans

p·

p·

p·

745.Rol.

p·

Ncy

p·

p·

roannet.

p·

p.

Simonnet.

nos 4. deman. ant

avec un double de [...] de voyage
de guys 2 vol - in 12. 1771.

Simonnet.

idem

p.

p.

1805, par J. Carr, trad de l'angl. *Paris*, 1809, 2 *vol. in-*8. *br.*

752. Voyage littéraire de la Grèce, par Guys. *Paris*, 1783, 4 *vol. in-*8. *fig. éc.*

753. Voyages faits principalement en Asie, dans les xiie, xiiie et xive siècles, etc. avec une introduction, par P. Bergeron. *La Haye*, 1735, 2 *vol. in-*4. *fig. v. f.*

754. Voyage pittoresque de l'Inde, etc. par Hodges, trad. de l'angl. par M. Langlès. *Paris*, 1805, 5 *vol. in-*18. *br. et atlas in-*4. *cart.*

755. Voyage au Bengale, par Charpentier Cossigny. *Paris*, *l'an* vii, 2 *tom. en* 1 *vol. in-*8. *v. r.*

756. Voyage d'Olof Torée, fait à Surate, à la Chine, etc. en 1750. *Milan*, 1771. = Précis hist. sur l'économie rurale des Chinois. *Milan*, 1771. = Précis de l'état actuel des colonies angloises dans l'Amérique septent. par de Blackford. *Milan*, 1771, 3 *part. en* 1 *vol. in-*12. *v. m.*

757. Voyage à l'Isle-de-France, à l'isle de Bourbon, etc. par Bernardin de Saint-Pierre. *Paris*, 1773, 2 *vol. in-*8. *fig. v. m.*

758. Voyage à la partie orientale de la terre ferme, dans l'Amérique méridionale, pendant les années 1801, 1802, etc. par Depons. *Paris*, 1806, 3 *vol. in-*8. *fig. br.*

759. Voyage à la Guiane et à Cayenne, fait en 1789, etc. par L. M. B. *Paris*, *l'an* vi, *in-*8. *fig. v. m.* = Description de Pégu et de l'isle de Ceylan, par Hunter, trad. de l'angl. *Paris*, 1793, *in-*8. *v. j.*

760. Voyage à la Louisiane et sur le continent de l'Amérique septentrionale, dans les années 1794 à 1798, (par Baudry des Lozières.) *Paris*, 1802, *in-*8. *br.* = Voyage à la baye d'Hudson, en 1746 et 1747, par H. Ellis, trad. de l'anglois. *Paris* 1749, 2 *tom. en* 1 *vol. in-*12. *v. m.*

E

761. Voyages dans l'intérieur de la Louisiane, de la Floride occidentale, pendant les années 1802 à 1806, par Robin. *Paris*, 1807, 3 *vol. in-8. br.*

762. Voyages imaginaires, songes, etc. *Paris*, 1787, 38 *vol. in-8. fig. v. porph.*

763. Voyages d'Antenor en Grèce et en Asie, par Lantier. *Paris*, *l'an* VI, 3 *vol. in-8. fig. v. r.*

764. Les mêmes. *Paris*, 1802, 5 *vol. in-18. v. j.*

765. Les Antenors modernes, ou Voyages de Christine et de Casimir en France, (par Chaussard.) *Paris*, 1806, 3 *vol. in-8. br.*

Chronologie et Histoire universelle, etc.

766. Prospectus raisonné, ou Aperçu d'un nouveau système du temps, qui concilie la chronologie des trois textes de l'Écriture sainte, par Gibert. *Paris*, 1811, *in-4. br.*

767. Justini Historiæ. *Parisiis*, 1770, *in-12. v. m.* = Discours sur l'histoire universelle, par Bossuet, avec la continuation. *Paris*, 1682, 2 *vol. in-12. v. b.*

768. Discours sur l'histoire universelle, par Bossuet, avec la continuation. *Paris*, 1805, 6 *vol. in-12. br.*
Edition stéréotype.

769. Précis de l'histoire universelle, par Anquetil. *Paris*, *an* VII, 9 *vol. in-12. v. m.*

770. Les Ruines, ou Méditations sur les révolutions des empires, par Volney. *Paris*, 1791, *in-8. fig. v. porph.*

771. Histoire des différens peuples du monde, par Contant Dorville. *Paris*, 1770, 6 *vol. in-8. v. j.*

772. Histoire des Croisades, par M. Michaud. *Paris*, 1819, 3 *vol. in-8. br.*

773. Histoire de la ligue faite à Cambrai entre

Simonnet.

Dabin .   il manque le tome 39

pierre

p.

Lahoy

p.

Dabin

La hoy

p.

p.

p.

Lahoy

Labitte

775. ans.
776. of.

pipon

pierro

pipono

p

p

p

783. and.

Jules II, Maximilien Ier, etc. contre la république
de Venise, (par Dubos.) *Paris,* 1785, 2 *vol.*
*in-*12. *v. m.*

774. Histoire du xvie siècle, par Durand. *La Haye,*   1 -- 5o
1734, 4 *vol. in-*12. *v. m.*

775. Ephémérides politiques, littéraires et reli-   24 . 95 - 𝒟
gieuses, (par MM. Noël et Planche.) *Paris,*
1812, 12 *vol. in-*8. *br.*

776. Anecdotes historiques, militaires et polit. de   6 . . . 𝒟
l'Europe, par l'abbé Raynal. *Amst.* 1753, 2 *vol.*
*in-*12. *v. m.* == Anecdotes militaires, anciennes
et modernes, de tous les peuples, par Nougaret.
Paris, 1808, 4 *vol. in-*12. *br.*

777. Histoire des inaugurations des rois, empe-   4 .
reurs et autres souverains de l'univers, (par
C. Bevy.) *Paris,* 1776, *in-*8. *fig. v. m.* == Céré-
monial du Sacre des rois de France, (par Alletz.)
Paris, 1775, *in-*12. *v. m.*

778. Histoire générale des descentes faites tant en   3 -- 2o .
Angleterre qu'en France, depuis Jules César,
par Poncet de la Grave. *Paris, an* VII, 2 *vol.*
*in-*8. *v. éc.*

Histoire ecclésiastique, etc.

779. Abrégé chronologique de l'histoire ecclésias-⎤
tique, (par Macquer.) *Paris,* 1751, 2 *vol. in-*8.⎬ 10 -- 5 .
v. m.   ⎟
780. Abrégé de l'Histoire ecclésiastique, par L. Ra-⎦
cine. *Utrecht,* 1748, 15 *vol. in-*12. *v. m.*

781. Réflexions sur chaque siècle de l'histoire ec-   2 - 75 .
clésiastique, par l'abbé Racine. *Cologne,* 1759,
6 *vol. in-*12. *v. m.*

782. Dictionnaire portatif des conciles, (par Al-   1 -- 5o .
letz.) *Paris,* 1764, *in-*8. *v. m.*

783. Histoire de la papesse Jeanne, trad. du latin   6 -- 5 . 𝒟

de Spanheim. *La Haye*, 1758, 2 *vol. in-*12.
fig. bas.

784. Il Puttanismo romano, overo Conclave gene-
rale delle puttane della corte, per l'elettione
del nuovo pontifice. 1668, *in-*12. *vel.*

785. La Guerre séraphique, ou Histoire des périls
qu'a courus la barbe des capucins, par les vio-
lentes attaques des cordeliers. *La Haye*, 1740,
*in-*12. *v. m.* = Mémoires de Gaudence de Luc-
ques, prisonnier de l'inquisition. *Amst.* 1753,
2 *vol. in-*12. *v. éc.*

786. Histoire de l'admirable dom Inigo de Gui-
puscoa, par H. Rasiel de Selva, (C. Levier.) *La
Haye,* 1736, 2 *vol. in-*12. *v. b.* = Histoire des
Flagellans, trad. du latin, par l'abbé Boileau.
Amst. 1732, *in-*12. *v. m.* Avec la critique, par
Thiers.

787. Histoire des Ordres de Notre-Dame du Mont-
Carmel et de Saint-Lazare de Jérusalem, par
Gautier de Sibert. *Paris, Imp. R.* 1772, *in-*4. *br.*
Gr. Pap.

788. La même. *Paris, Imp. R.* 2 *vol. in-*12. *v. m.*

789. Abrégé de l'Origine de tous les cultes, par
Dupuis. *Paris, l'an* VI, *in-*8. *v. m.*

790. Histoire critique des Pratiques superstitieuses
qui ont séduit les peuples, par le Brun. *Paris,*
1750, 4 *vol. in-*12. *v. m.*

791. Histoire des Sectes religieuses, qui sont nées
depuis le siècle dernier, par M. Grégoire. *Paris,*
1810, 2 *vol. in-*8. *cart. Pap. Vél.*

792. Essai sur la Franche-Maçonnerie. 1784, 2 *vol.*
*in-*8. *v. m.* = Histoire des Francs-Maçons. *A
l'Orient,* 1745, 2 *vol. in-*12. *bas.*

p.

p.

p.

p.

p.

p.

789. trol.

potey

art. Bertrand.

Dabin

gregoire père

p.

malafait.

gregoire fils.

m De Vandeuil

p.

avec un 2.e Exempl. surpercalis

malafait.

idem

p.

Histoire des Monarchies anciennes. Histoire grecque.

793. Histoire du Peuple de Dieu, par le P. I. J. Berruyer. *Paris*, 1738, 23 *vol. in* 12. *v. m.*

794. Histoire du Peuple de Dieu, par le P. Berruyer. *La Haye*, 1753, 8 *vol. in-12. v. m.*

} 18.

795. Abrégé chronologique de l'Histoire ancienne des empires et des républiques, par Lacombe. *Paris*, 1757, *in-8. v. m.* — 2 .. 35.

796. Histoire des empires et des républiques, depuis le déluge jusqu'à Jésus-Christ, par l'abbé Guyon. *Paris*, 1736, 12 *vol. in-12. v. m.* — 4.

797. Pausanias, ou Voyage historique de la Grèce, trad. par Gedoyn. *Paris*, 1731, 2 *vol. in-4. fig. v. m.* — 21. 50.

798. Voyage du jeune Anacharsis en Grèce, par l'abbé Barthélemy. *Paris*, 1788, 7 *vol. in-8. et atlas in-4. v. porph. On a ajouté à cet exempl. un tome 8, qui contient différens éloges de Barthélemy, un extrait de l'Année littéraire et autres pièces.* — 39 .. 5.

799. Le même ouvrage. *Paris*, 1817, 7 *vol. in-8. br. et atlas in-fol. cart.* — 60.

800. Abrégé de l'Histoire grecque, (tome 1er du Voyage d'Anacharsis,) par l'abbé Barthélemy. *Paris*, 1793, *in-12. br.* = Parallèle de l'expédition d'Alexandre dans les Indes, avec la conquête des mêmes contrées, par Thamas-Kouli-Khan, par de Bougainville. 1752, *in-8. br.* — 1 .. 65.

801. Histoire d'Hérodote, trad. du grec, par M. Larcher. *Paris*, 1802, 9 *vol. in-8. v. rac.* — 69.

802. Chronologie d'Hérodote, par Volney, et supplément à l'Hérodote de Larcher, par le même. *Paris*, 1808, 2 *vol. in-8. br.* — 2 .. 20.

803. Herodoto Alicarnasseo, trad. di greco per il — 4.

conte Mat. Mar. Boiardo. *In Veneggia*, 1533, *in-8. v. f.*

804. Histoire de Thucydide, trad. du grec, par Perrot d'Ablancourt. *Paris*, 1662, *in-fol. v. b.*

805. Histoire de Thucydide, trad. du grec, par Lévesque. *Paris*, 1795, 4 *vol. in-8. v. r.*

806. La Cyropédie, trad. du grec de Xénophon, par M. Dacier. *Paris*, 1777, 2 *vol. in-12. v. m.* = L'Expédition de Cyrus, trad. du grec de Xénophon, par Larcher. *Paris*, 1778, 2 *vol. in-12. v. m.* = L'Economique de Xénophon, trad. par P. Dumas. *Paris*, 1768, *in-12. bas.*

807. Le Repos de Cyrus, ou Histoire de sa vie, (par Pernetti.) *Paris*, 1732, 3 *part. en* 1 *vol. in-8. fig. v. r.*

808. Histoire universelle de Diodore de Sicile, trad. par Terrasson. *Paris*, 1737, 7 *vol. in-12. v. m.*

809. Histoire de Philippe, roi de Macédoine, par Olivier. *Paris*, 1740, 2 *vol. in-12. v. j.* = Histoire du siècle d'Alexandre, par Linguet. *Paris*, 1769, *in-12. v. m.*

810. Histoire des expéditions d'Alexandre, trad. du grec d'Arrien, par Chaussard. *Paris*, 1802, 3 *vol. in-8. et atlas in-4. v. rac.*

811. Q. Curtii Rufi Historia Alexandri Magni, cum not. var. *Amst.* 1684, *in-8. v. f.*

812. Quinte Curce, en latin et en françois, trad. par Beauzée. *Paris*, 1800, 2 *vol. in-12. v. éc.*

813. Examen critique des anciens historiens d'Alexandre le Grand, par de Sainte-Croix. *Paris*, 1804, *in-4. br. en cart.*

814. Histoire des premiers temps de la Grèce, par Clavier. *Paris*, 1809, 2 *vol. in-8. br.*

815. Histoire générale et particulière de la Grèce, par Cousin Despréaux. *Paris*, 1780, 16 *vol. in-12. v. éc.*

pipion

gregoire pere

Labitte

p.

imparfait de la table du tome 2.

p.

p.

chobec.

p'

indefait.

p.

815. ellan. pz⁺

pipion

p.

pierre.

Lavoinière

p.

p.

821. C.

823 M Duguet.

p.

Desforges.

p.

p.

Dabin

816. Fêtes et Courtisanes de la Grèce, (par Chaussard.) *Paris*, 1801, 4 *vol. in-8. v. j.*   *14.*

817. Des anciens Gouvernemens fédératifs, et de la législation de la Crète, par le baron de Sainte-Croix. *Paris*, *an* VII, *in-8. v. m.*   *2 - 50. D.*

Histoire romaine, etc.

818. C. Sallustii Crispi quæ exstant. *Parisiis, Barbou*, 1801, *in-12. v. éc.*   *3 - 35.*

819. Salluste en latin et en franç. trad. par Dotteville. *Paris*, 1769, *in-12. v. éc.* == Discours hist. sur Salluste, par Gordon, trad. de l'angl. 1759, 2 *vol. in-12. v. m.*   *3 - 45.*

820. Les Commentaires de César, en lat. en franç. revus par de Wailly. *Paris, Barbou*, 1788, 2 *vol. in-12. bas.*   *4 - 26*

821. Les Antiquités romaines de Denys d'Halicarnasse, trad. du grec, par Bellanger. *Chaumont*, *l'an* VIII, 6 *vol. in-8. v. rac.*   *18 - 95. D.*

822. T. Livii Historiæ, ex recens. J. F. Gronovii. *Amstel. D. Elzevirius*, 1678, *in-12. v. b.*   *10.*

823. Idem Opus, ex recens. J. N. Lallemand. *Parisiis, Barbou*, 1775, 7 *vol. in-12. v. m.*   *28 - 95. D.*

824. Histoire romaine de Tite Live, trad. par Guérin. *Paris*, 1739, 10 *vol. in-12. v. m.*   *13. 60.*

825. C. Velleii Paterculi Historia romana. *Parisiis, Barbou*, 1777, *in-12. v. m.*   *2 - 30.*

826. Abrégé de l'Histoire grecque et romaine de Velléius Paterculus, en lat. en franç. trad. par l'abbé Paul. *Avignon*, 1768, *in-12. v. m.* == Abrégé de l'Histoire romaine de Florus, en latin et en franç. trad. par le même. *Paris*, 1774, *in-12. bas.*   *3 - 20.*

827. Tacite, trad. en franç. par de la Blèterie et Dotteville. *Paris*, 1755, etc. 10 *vol. in-12. v. m.*   *13 - 65.*

828. Tacite en lat. et en franç. trad. par de Barrett. *Paris*, 1811, 3 *vol. in-*12. *br.*

829. Discours hist. sur Tacite, par Gordon, trad. de l'anglois. *Amst.* 1751, 3 *vol in-*12. *bas.*

830. Histoire des douze Césars de Suétone, trad. par Ophellot de la Pause, (Delisle de Salles.) *Paris*, 1771, 4 *vol. in-*8. *bas.*

831. La même, en latin et en franç. trad. par La Harpe. *Paris*, 1805, 2 *vol. in-*8. *v. j.*

832. L. A. Flori gestorum romanorum epithoma. *Per Sigismundum Rot D. Bitz impressorem in Senis*, (*circa* 1490,) *in-*4. *goth. cart.*

833. L. An. Florus, cum not. var. *Lugd. Bat.* 1655, *in-*8. *vél.* = Eutropius, cum not. in usum Delphini. *Londini*, 1755, *in-*8. *v. j.*

834. Appian Alexandrin, des guerres des Romains, livres XI, trad. en franç. par Cl. de Seyssel. *Paris*, 1580, *in-*8. *v. b.*

835. Histoire des guerres civiles de la république romaine, trad. du grec d'Appien d'Alexandrie, par Combes-Dounous. *Paris*, 1808, 3 *vol. in-*8. *br.*

836. Histoire de Dion Cassius de Nicée, trad. du grec, par A. Canque. *Paris*, 1588, *in-*8. *bas.*

837. Eutropii et Sexti Aur. Victoris historiæ romanæ breviarium. *Parisiis, Barbou,* 1793, *in-*12. *br. Pap. Fin.*

838. Abrégé de l'Histoire romaine, par Eutrope, en lat. et en franç. trad. par Lezeau. *Paris,* 1717, *in-*12. *m. r.* = Histoire d'Hérodien, trad. du grec en franç. par l'abbé Mongault. *Paris,* 1784, *in-*12. *v. m.*

839. Ammiani Marcellini rerum gestarum libri, curante A. G. Ernesti. *Lipsiæ,* 1773, *in-*8. *dem. rel.*

840. Ammien Marcellin, trad. en franç. par de Moulines. *Lyon,* 1778, 3 *vol. in-*12. *bas.*

841. Histoire romaine de Xiphilin, Zonare et

pillet.
p.
pipon

831. M Duguet.

p.

avec des notes par les marges.
reliure imparfait, et môis très vol. broché

p.

p.

Rey

836. Rol.
837. Lam. i.t

p.

labitte.

p.

p.

Caillean

malafait.

giron

malafait.

846. Coul.

847. of.

849. of.

p.

Caillean

p.

p.

p.

Zozime, trad. du grec, par Cousin. *Paris*, 1686, *in*-12. *v. b.*

842. Histoire des révolutions romaines, par de Vertot. *Paris*, 1734, 3 *vol. in*-12. *v. b.*

843. Discours et réflexions critiques sur le gouvernement de l'ancienne Rome, (trad. de l'angl. de Hook.) *Paris*, 1784, 3 *vol. in*-12. *v. m.*

844. J. Laurentii Lydi de magistratibus reipublicæ romanæ lib. III, gr. et lat. edente Hase. *Parisiis*, 1812, *in*-8. *br.*

845. Historiæ Augustæ scriptores, cum not. var. *Lugd. Bat.* 1661, *in*-8. *v. éc.*

846. Mémoires de la cour d'Auguste, tirés de l'angl. de Blackwell, par Feutry. *Paris*, 1781, 3 *vol. in*-12. *v. m.*

847. Essai sur les règnes de Claude et de Néron, (par Diderot.) *Londres*, 1782, 2 *vol. in*-12. *bas.* = Histoire secrète de Néron, trad. du lat. par Lavaur. *Paris*, 1726, 2 *tomes en* 1 *vol. in*-12. *v. b.*

848. Nouvel abrégé chronologique de l'Histoire des empereurs, (par Richer.) *Paris*, 1754, 2 *vol. in*-8. *v. m.*

849. Vies des empereurs Tite-Antonin et Marc-Aurèle, par Gautier de Sibert. *Paris*, 1769, *in*-12. *v. m.* = Histoire des deux règnes de Nerva et de Trajan, par de Barrett. *Paris*, 1790, *in*-12. *v. m.*

850. Histoire de l'empereur Jovien, par l'abbé de la Bleterie. *Paris*, 1748, 2 *vol. in*-12. *v. m.* = Vie de l'empereur Julien, par le même. *Paris*, 1735, *in*-12. *v. b.*

851. Les Impératrices romaines, par de Serviez. *Paris*, 1728, 3 *vol. in*-12. *v. b.*

852. Histoire des révolutions de l'empire Romain, par Linguet. *Paris*, 1766, 2 *vol. in*-12. *v. m.* = Observations sur les Romains, par Mably. *Genève*, 1767, *in*-12. *v. m.*

853. Histoire de la Décadence et de la chute de

l'empire Romain, trad. de l'angl. de Gibbon, par Leclerc de Septchênes. *Paris*, 1777, 3 *vol. in-8. v. m.*

854. Anecdotes de Constantinople, ou du Bas-Empire, par Nougaret. *Paris, an* VIII, 5 *vol. in-12. v. m.*

Histoire de France.

855. Histoire de l'état et république des Druides, par Talepied. *Paris*, 1585, *in-8. v. porph.*

856. Histoire des Gaules et des conquêtes des Gaulois, par D. J. Martin. *Paris*, 1752, 2 *vol. in-4. fig. v. m*

857. Histoire critique de l'établissement de la monarchie françoise dans les Gaules, par Dubos. *Paris*, 1742, 4 *vol. in-12. v. m.*

858. Hist. crit. de l'établissement des François dans les Gaules, par le prés. Hénault. *Paris*, 1801, 2 *tom. en* 1 *vol. in-8. v. j.*

859. Origines Gauloises, par La Tour d'Auvergne-Corret. *Paris, an* V, *in-8. br.* = Instruction sur l'Histoire de France et romaine, par le Ragois. *Paris*, 1797, *in-12. v. r.*

860. Abrégé chronologique de l'Histoire de France, par le prés. Hénault. *Paris*, 1768, 3 *vol. in-8. v. éc.* = Abrégé chron. des grands fiefs de la couronne de France. *Paris*, 1759, *in-8. v. éc.*

861. Histoire politique et civile des trois premières dynasties françoises, par Laboulinière. *Paris*, 1808, 3 *vol. in-8. br.*

Histoire particulière des rois de France, jusques et y compris Louis XIII.

862. Eginharti de Vita Caroli Magni Commentarius, ed. G. N. Heerkens. *Groningæ*, 1755, *in-12. v. b.*

p.

p.

p.

malafait

p.

Martin

Maillcard

malafait.

p.

856. Rol.

858. Rol.

p.

864. Rol.

p.

866. and.   tro nogaï   p.

                   tm piqui   p.

                                     girax

                                     nozeran

871. eMong.

                                     p.

                                     labint.

863. Histoire du règne de Charlemagne, par de la Bruère. *Paris*, 1745, 2 *vol. in-*12. *v. m.* = Histoire de Philippe-Auguste. *Paris*, 1702, 2 *vol. in-*12. *v. m.* 3 - 15 ·

864. Mémoires pour servir à l'Histoire de France et de Bourgogne, contenant un journal de Paris, sous les règnes de Charles vi et de Charles vii, etc. (publiés par de la Barre.) *Paris*, 1729, *in-*4. *v. b.* 5 - 9 ·

865. Histoire de Louis xii, (par Tailhié.) *Paris*, 1755, 3 *vol. in-*12. *v. m.* 2 - 50 ·

866. Nouvelle deffense pour les François, à l'encontre de la nouvelle entreprise des ennemis, comprenant la manière d'éviter tous poisons, avec les remèdes, etc. (par Bertrand de la Luce.) *Paris, Den. Janot,* (1537,) *in-*8. *goth. v. j.* 3 ·

867. Commentationes de statu Religionis et reipublicæ in regno Gallico, regibus Henrico ii, Francisco ii et Carolo ix. 1572, 3 *part. en* 2 *vol. in-*8. *vél.* 1 · 50 ·

868. Histoire du règne de Henri ii, par l'abbé Lambert. *Paris*, 1755, 2 *vol. in-*12. *v. m.*
869. La Cour de Catherine de Médicis, de Charles ix, de Henri iii et de Henri iv, par madame Gacon-Dufour. *Paris*, 1807, 2 *vol. in-*8. *br.* 2 - 40 ·

870. L'Esprit de la ligue, par Anquetil. *Paris*, 1770, 3 *vol. in-*12. *v. b.* 3 · 60 ·

871. Histoire de la reine Marguerite de Valois, par M. Mongez. *Paris*, 1777, *in-*8. *v. m.* 2 · 50 · 9

872. Dialogue d'entre le Maheustre et le Manant. 1595, *in-*12. *v. f.* 1 - 60 · 9

873. Les Aventures du baron de Fœneste, (par T. Agrippa d'Aubigné.) *Au Dézert*, 1630, *in-*8. *parch.* = Mémoires secrets pour servir à l'histoire de Perse, (par Pecquet.) *Amst.* 1749, *in-*12. *v. m.* 1 · 95 ·

874. L'Intrigue du cabinet sous Henri iv et 5 · 50 ·

Louis XIII, par Anquetil. *Paris*, 1780, 4 *vol.*
in-12. *v. m.*

D · 2 -- *50*   875. Mémoires du duc de Rohan. 1644, *in*-12. *vél.*

Histoire des règnes de Louis XIV, etc.

D · 24 -- *5*   876. Mémoires du cardinal de Retz, et de Gui Joly.
Amst. 1731 *et* 1738, 6 *vol. in*-12. *v. m.*

1 -- *50*   877. Mémoires de M. de Bordeaux. *Amst.* 1758,
4 *vol. in*-12. *v. m.*

13 · *15*   878. Mémoires du duc de Saint-Simon. *Paris*, 1788,
7 *vol. in*-8. *v. r.*

1 -- *50*   879. Mémoires, anecdotes secrètes, galantes, historiques et inédites de mesdames de la Vallière,
de Montespan, de Fontanges, etc. par madame
Gacon-Dufour. *Paris*, 1807, 2 *vol. in*-8. *fig. br.*

17 · *50*   880. Mémoires et lettres de madame de Maintenon,
publiés par de la Beaumelle. *Maëstricht*, 1778,
16 *vol. in*-12. *v. j.*

7 · *95*   881. Nouveau siècle de Louis XIV, ou anecdotes,
poésies, etc. du règne de ce prince, (publié par
M. Noël et Sautreau de Marsy.) *Paris*, 1793,
4 *vol. in*-8. *v. rac.*

5 -- --   882. Mémoires du comte de Bonneval. *Paris*, 1806,
2 *vol. in*-8. *br.*
883. Mélanges hist. anecdotiques et critiques sur la
fin du règne de Louis XIV, par la princesse Eli-
sabeth Charlotte de Bavière. *Paris*, 1807, *in*-8. *br.*

3 -- --   884. Pièces inédites sur les règnes de Louis XIV,
Louis XV, et Louis XVI. *Paris*, 1809, 2 *vol.*
in-8. *br.*

D · 4 -- --   885. Mémoires secrets sur les règnes de Louis XIV
et de Louis XV, par Duclos. *Paris*, 1808, 2 *vol.*
in-8. *br.*

6 - *35*   886. Vie privée de Louis XV, (par Dangerville,)
avec les fastes de Louis XV, (par Bouffonidor.)
Londres, 1781, 6 *vol. in*-12. *bas.*

4 -- 876 Double 5 vol 1718. v. b -- -- -- -- -- -- --

D · 4 ·· 95 876 mem. de joli et duchemont 1718 2 vol tru -- -- --

875. Rol.

p

Hozeran

p.

Rouget   le tome 16 sont les journin de mme de Caylus.

idem

clerc.

pillet.

p   885. of.

martin

888. no.

p.

p.

p.

p.

p.

rouget.

p.

p.

p.

p.

p.

887. Mémoires du maréchal de Berwick. *Paris,*
1778, 2 *vol. in*-12. *v. m.*

888. Détail de ce qui s'est passé le lundi 28 mars
1757, jour de l'exécution de R. F. Damiens, fait
par le sieur Bouton exempt de la compagnie de
Robe-Courte, présent à l'exécution, avec d'autres
pièces. 1*vol. gr. in*-4. *cart. Manuscrit sur papier.*

889. Mémoires historiques et anecdotes de la cour
de France, pendant la faveur de madame de
Pompadour. *Paris,* 1802, *in*-8. *v. m.*

890. Lettres du chev. Rob. Talbot, sur la France,
trad. par Maubert. *Amst.* 1768, 2 *vol. in*-12. *v. m.*

891. Louis xv et Louis xvi, par Ant. Fantin-Deso-
doards. *Paris,* an vi, 5 *vol. in*-8. *v. r.*

892. Histoire de Louis xvi. *Hambourg,* 1802, 2 *tom.*
en 1 *vol. in*-12. *v. b.* = Vie de Marie Antoinette,
reine de France. *Paris,* 1802, 3 *tom. en* 1 *vol.*
in-12. *v. m.* = Les prisonniers du Temple, par
Regnault-Warin. *Paris,* 1800, 3 *tom. en* 1 *vol.*
in-12. *fig. v. b.*

893. Mémoires hist. et politiques du règne de
Louis xvi, par Soulavie. *Paris,* 1801, 6 *vol. in*-8.
v. r.

894. Louis xvi et ses vertus aux prises avec la per-
versité de son siècle, par l'abbé Proyart. *Paris,*
1808, 5 *vol. in*-8. *br.*

895. Mémoires du comte de Maurepas. *Paris,* 1792,
3 *vol. in*-8. *fig. br.*

896. Dernières années du règne et de la Vie de
Louis xvi, par Fr. Hue. *Paris, de l'Imp. Royale,*
1816, *in*-8. *br. Pap. Vél.*

897. Histoire de Marie Antoinette d'Autriche,
reine de France, par Montjoie. *Paris,* 1797, *in*-8.
fig. v. porph.

898. Mémoires justificatifs de la comtesse de Valois
de la Motte, écrits par elle-même. *Londres,* 1789.

== La Magie de Cagliostro dévoilée par lui-même. *Londres,* 1789, *in-8. v. r.*

Histoire de la révolution, etc.

4 . 5　899. Histoire de la décadence de la monarchie françoise, par Soulavie. *Paris,* 1803, 3 *tom. rel. en* 2 *vol. in-8. v. m.*

4 . 50　900. Lettres choisies de Ch. Villette, sur les principaux événemens de la révolution. *Paris,* 1792, *in-8. v. rac.*

4 . 65　901. Histoire philosophique de la révolution de France, par Fantin Desodoards. *Paris,* 1797, 4 *vol. in-8. v. r.*

3 . 95　902. Histoire de la révolution de France, par Montjoye. *Paris,* 1797, 2 *vol. in-8. v. éc.*

3 . 10　903. Histoire secrète de la révolution françoise, par Pagès. *Paris,* 1797, 2 *vol. in-8. v. r.*

3 . 85　904. L'Espion de la révolution françoise. *Paris,* 1797, 2 *vol. in-8. v. m.*

3 . 95　905. Histoire de la guerre civile en France, depuis 1789, jusqu'en 1799. *Paris,* 1803, 3 *vol. in-8. v. r.*

7 . --　906. Histoire de la conjuration de Louis-Philippe-Joseph d'Orléans, (par Montjoye.) *Paris,* 1796, 3. *vol. in-8. v. rac.*

9 . 5　907. Histoire de la révolution du 10 août 1792, par Peltier. *Londres,* 1795, 2 *vol. in-8. v. m.*

5 . 30　908. Procès des Bourbons, contenant des détails sur la journée du 10 août, etc. *Hambourg,* 1798, 2 *vol. in-8. fig. v. rac.*

8 . 25　909. Histoire de la république françoise, par Fantin Desodoards. *Paris, an* vi, 3 *vol. in-8. v. r.*

910. Histoire du Directoire exécutif de la république françoise. *Paris,* 1801, 2 *vol. in-8. v. j.*

911. Histoire du consulat de Bonaparte. *Paris,* 1803, 3 *vol. in-8. v. j.*

3 . 10　908 Double 2 vol. bro — — — — — —

p.

900. C.

ludct.

p.

p.

p.   avec l val de l'insurrection parisienne

p.

limonect.

p.

                      907. amis.

p.

p.

912. amis.   avec un autre vol. de diverses

p.

p.
p.

p.
p.

Dabin

919. Rol.

920. Rol.

Simonet.

912. Tableau historique et politique des pertes que la révolution et la guerre ont causées au peuple françois, par sir Fr. Divernois. *Lond.* 1799, 2 *vol. in-8. v. f.*

913. La France et les François en 1817, par le Sur. *Paris*, 1818, *in-8. br.*

Histoire des anciennes provinces de France.

914. Dictionnaire universel de la France, par Robert de Hesseln. *Paris*, 1771, 6 *vol. in-8. v. m.*

915. Mémoires intéressans pour servir à l'hist. de France, ou Tableau historique des maisons royales, châteaux, etc. des rois de France, par Poncet de la Grave. *Paris*, 1788, 4 *vol. in-12. fig. v. m.*

916. Essais historiques sur Paris, par de Saint-Foix. *Paris*, 1763, 5 *vol. in-12. v. m.*

917. Miroir de l'ancien et du nouveau Paris, par Prudhomme. *Paris*, 1806, 2 *vol. in-18. fig. br.* = Manuel du voyageur aux environs de Paris, par Villiers. *Paris*, 1802, 2 *vol. in-18. cart.*

918. Miroir historique, politique, etc. de l'ancien et du nouveau Paris, par Prudhomme. *Paris*, 1807. 6 *vol. in-18. fig. br.*

919. Abrégé de l'histoire de l'ancienne ville de Soissons, par Regnault. *Paris*, 1633, *in-8. v. f. Exemp. de de Thou.* = Histoire des antiquités de la ville de Soissons, par le Moyne. *Paris*, 1771, 2 *vol. in-12. v. m.*

920. Histoire et antiquités du pays de Beauvaisis, (par P. Louvet.) *Beauvais*, 1631, 2 *vol. in-8. v. b.*

921. Description du département de l'Oise, par Cambry. *Paris*, 1803, 2. *vol. in-8. br. et atlas in-fol. cart.*

922. Histoire du duché de Valois, par Carlier. *Paris*, 1764, 3 *vol. in-4. fig. v. m.*

923. Essai sur l'histoire générale de Picardie. *Abbeville*, 1770, 3 *vol. in-12. bas.*

924. Histoire ecclésiastique de la ville d'Abbeville, par le P. de Jésus-Maria. *Paris*, 1646, *in-4. parch.*

925. Histoire de la ville de Montdidier, par Daire. *Amiens*, 1765, *in-12. v. m.* = Histoire du comté de Ponthieu, de Montreuil, et de la ville d'Abbeville. *Paris*, 1767. 2 *vol. in-12. v. m.*

926. Mémoires pour servir à l'histoire ecclésiastique, civile et militaire de la province de Vermandois, par Colliette. *Cambrai*, 1771, 3 *vol. in-4. v. m.*

Mélanges de l'histoire de France.

927. Dissertations sur la mythologie françoise, par Bullet. *Paris*, 1771, *in-12. v. m.*

928. Les Origines de l'ancien gouvernement de la France, de l'Allemagne et de l'Italie, (par de Buat.) *La Haye*, 1757, 4 *vol. in-12. v. m.*

929. Considérations sur le gouvernement ancien et et présent de la France, par le marquis d'Argenson. *Amsterdam*, (*Paris, Moutard*,) 1784, *in-8. v. éc.*

Edition donnée par le marquis de Paulmy, et tirée à un très-petit nombre d'exemplaires. On y a joint la demande originale de M. de Paulmy pour l'impression, et la permission de M. Hue de Miromesnil.

930. Du gouvernement, des mœurs, etc. en France, avant la révolution, par Senac de Meilhan. *Hambourg*, 1795, *in-8. v. m.* = De la Monarchie selon la Charte, par M. de Châteaubriand. *Paris*, 1816, *in-8. br.*

931. Le Mode françois, ou Discours sur les principaux usages de la nation françoise, (par Sobry.)

922. Rol.
923. Rol.
924. Rol.
925. Rol. Bal. thor. p

926. Rol.

pillet

928 Car.

929. Mart. of. No.

930. Mou.

p.

malafait.

933. kam. x+

p.

p.

p.

p.

Rey

p.

Robert.

p.

Londres, 1786, *in*-8. *v. m.* = Précis d'une Histoire générale de la vie privée des François. *Paris*, 1783, *in*-8. *v. m.*

932. Précis historique de la Marine royale de France, par Poncet de la Grave. *Paris*, 1780, 2 *vol. in*-12. *v. m.* = Histoire des progrès de la puissance navale d'Angleterre, par de Sainte-Croix. *Paris*, 1786, 2 *vol. in*-12. *v. b.*

Histoire d'Allemagne, d'Espagne, etc.

933. Notitia germaniæ antiquæ, auct. J. C. Spener. *Halæ Magdeb.* 1717, *in*-4. *parch.* = J. D. Schoepflini Vindiciæ celticæ. *Argent.* 1754, *in*-4. *v. m.*

934. Elémens de l'histoire d'Allemagne, par l'abbé Millot. *Paris*, 1807, 3 *vol. in*-12. *br.*

935. Mémoires de Frédéric, baron de Trenck, trad. de l'allemand. *Paris*, 1789, 3 *vol. in*-8. *fig. br.*

936. Chronologie historique des comtes de Genevois, par Levrier. *Orléans*, 1787, 2 *tom. en* 1 *vol. in*-8. *v. rac.*

937. Histoire de Genève, par Berenger. 1772, 6 *vol. in*-12. *dem. rel.*

938. Histoire d'Espagne, trad. de l'angl. d'Adam. *Paris*, 1808, 4 *vol. in*-8. *br.*

939. Tableau de Lisbonne en 1796, suivi de Lettres écrites de Portugal sur l'état ancien et moderne de ce royaume. *Paris*, 1797, *in*-8. *v. rac.* = Mémoires sur la révolution de Pologne, trouvés à Berlin. *Paris*, 1806, *in*-8. *fig. br.*

940. Notice descriptive sur l'Angleterre, l'Ecosse et l'Irlande. *Paris*, 1803, 3 *vol. in*-8. *br.*

941. Abrégé chronologique de l'histoire d'Angleterre, par Duport du Tertre. *Paris*, 1751, 3 *vol. in*-12. *v. m.*

942. Elémens de l'histoire d'Angleterre, par l'abbé
Millot. *Paris*, 1773, 3 *vol. in*-12. *v. m.*

943. Lettres philosophiques et politiques sur l'histoire de l'Angleterre, trad de l'anglois, (de Gold-
smith.) *Paris*, 1786, 2 *tom. en* 1 *vol. in*-8. *v.
m.* = Mémoires de la Grande-Bretagne et de
l'Irlande, par d'Alrymple, trad. de l'angl. *Lond.*
1776, 2 *vol. in*-8. *v. f.*

944. Histoire de Guillaume le Conquérant, (par
l'abbé Prévost.) *Paris*, 1742, 2 *vol. in*-12. *v. m.*

945. Histoire des révolutions de Suède, par de
Vertot. *Paris*, 1722, 2 *vol. in*-12. *v. m.* = Histoire
des révolutions de Portugal, par le même. *Paris*,
1768, *in*-12. *v. m.*

946. Histoire de Pologne depuis son origine jusqu'en 1795. *Paris*, 1807, 2 *vol. in*-8. *br.*

947. Histoire de Jean Sobieski, roi de Pologne,
par l'abbé Coyer. *Paris*, 1761, 2 *vol. in*-12. *bas.*

948. Description historique de l'Empire russien,
trad. de l'allem. de Strahlenberg. *Paris*, 1757,
2 *vol. in*-12. *v. m.* = Histoire des révolutions
de l'empire de Russie, par Lacombe. *Paris*, 1760,
in-12. *v. m.*

949. L'Empire de Russie, son origine et ses ac-
croissemens, par d'Anville. *Paris, Imp. Roy.*
1772, *in*-12. *br.*

950. Des Progrès de la puissance russe, depuis son
origine. *Paris*, 1812, *in*-8. *br. Pap. Vél.*

951. Histoire des Cosaques, par le Sur. *Paris*,
1814, 2 *vol. in*-8. *br.*

Histoire de l'Asie, de l'Afrique, etc.

952. Essai historique et critique sur les Atlanti-
ques, par F. Ch. Baer. *Paris*, 1762, *in*-8. *v. m.*
= Histoire des Druses, peuple du Liban, formé

p.

p.

Robert.

p.

Robert.

p.

malafait.

Rey

p.

p.

949. Bou.

p.

Labitte.

La motte.

p.

malafait.

La Loy

Robert.

malafait

9 61. nou. *

Robert.
p.

par une colonie de François, par Puget de Saint-Pierre. *Paris*, 1763, *in*-12 , *fig. v. m.*

953. Recherches philosophiques sur les Egyptiens et les Chinois, par de Pauw. *Berlin*, 1773, 2 *vol. in*-12. *v. éc.*   2 - 15-

954. Histoire des Arabes sous le gouvernement des Califes, par l'abbé de Marigny. *Paris*, 1750, 4 *vol. in*-12. *v. m.* = Histoire des révolutions de l'empire des Arabes, par le même. *Paris*, 1750, 4 *vol. in*-12. *v. m.*   8 - 55

955. Histoire des guerres de l'Inde en 1745, trad. de l'anglois, (de M. Orme.) *Amst.* 1765 , 2 *vol. in*-12. *v. m.* = Mémoires du colonel Lawrence, contenant la guerre de l'Inde en 1750, etc. par R. Owen Cambridge, trad. de l'angl. *Paris*, 1766, 2 *vol. in*-12. *v. m.*   1 - 80 .

956. Etat civil, politique et commerçant du Bengale, par Demeunier. *La Haye*, 1775, 2 *vol. in*-8. *v. f.*   1 - 90 .

957. Etat actuel de la Perse, trad. du persan, par de Cirbied. *Paris*, 1807, *in*-18. *br. fig. color.* = Les Voyages de Sindbad le marin, en arabe et en françois, trad. par M. Langlès. *Paris*, 1814, *in*-18. *br.*   4 - 40 .

958. La Perse, ou Tableau de l'Histoire, du gouvernement, etc. de ses habitans, par Jourdain. *Paris*, 1814, 5 *vol. in*-18. *fig. br.*   8 - 5 .

959. Histoire de Tamerlan, par Margat. *Paris*, 1739, 2 *vol. in*-12. *v. b.* = Histoire de Thamas Kouli-Kan. *Paris*, 1742, *in*-12. *v. m.*   1 - 50 .

960. Mémoires sur l'Egypte ancienne et moderne, par d'Anville. *Paris*, *Impr. Roy.* 1766, *in*-4. *fig. v. m.*   7 - 95 .

961. Collection de divers Mémoires du grand ouvrage sur l'Egypte, savoir : Voyage dans l'intérieur du Delta, par MM. Dubois Aimé et Jollois. = Description des antiquités de Tentyris, etc.   26 - -

956 Double en 1 vol. v. r. — ⸪ ————— 1 · 50 .

958 Double br. · — — - — - ——— 7 · 80 .

par MM. Jollois et de Villiers. = Recherches sur les Bas-reliefs des Egyptiens, par les mêmes. = Description générale de Thèbes, par les mêmes. = Mémoires sur la communication de la mer des Indes à la Méditerranée, par J. M. Lepere. = Mémoires sur les lacs et les déserts de la Basse-Egypte, par Grat. Lepere. = Atlas pour la communication de la mer Rouge à la Méditerranée. *In-fol. br. 7 parties, Pap. Ord. et Pap. Vél.*

962. Mémoires géographiques et historiques sur l'Egypte, avec des observations, par M. Et. Quatremere. *Paris*, 1811, 3 *vol. in-8. br.*

963. Histoire de Saladin, sultan d'Egypte, par Marin. *Paris*, 1758, 2 *vol. in-12. v. m.*

964. Histoire des Etats barbaresques qui exercent la piraterie, trad. de l'angl. *Paris*, 1757, 2 *vol. in-12. v. m.* = Recherches sur l'origine du despotisme oriental, (par Boulanger.) 1762, *in-12. v. m.*

965. Mémoires philosophiques, hist. etc. concernant la découverte de l'Amérique, par D. Ulloa, trad. de l'espagnol. *Paris*, 1787, 2 *vol. in-8. v. m.*

966. Histoire des Colonies européennes dans l'Amérique, par W. Burck, trad. de l'anglois. *Paris*, 1767, 2 *vol. in-12. v. m.*

967. Mœurs des Sauvages amériquains, par Lafitau. *Paris*, 1724, 4 *vol. in-12. fig. v. m.*

968. Manuel des habitans de Saint-Domingue, par Ducœur-Joly. *Paris*, 1802, 2 *vol. in-8. v. m.*

969. Histoire de la Conquête du Mexique, trad. de l'espagnol de Solis. *Paris*, 1714, 2 *vol. in-12. v. m.* = Histoire de la Conquête du Pérou, trad. de l'espagnol d'Augustin de Zarate. *Paris*, 1742, 2 *vol. in-12. fig. bas.*

970. Histoire des Incas, trad. de l'espagnol de Garcilasso de la Vega. *Paris*, 1744, 2 *vol. in-12. v. m.*

gbr. Cos. n⁺-50⁵.

avec l'univers à droite 1ʳᵉ édit.

p.

avec trois brochures

p.

pillet.
Dabin

978 d.b.

979. Cos. az⁺so.

971. Histoire de la Louisiane, par le Page du Pratz. *Paris*, 1758, 3 *vol. in-12. v. m.*

972. Histoire politique et philosophique de la révolution de l'Amérique septentrionale, par Chas et le Brun. *Paris, an* IX, *in-8. v. r.*

Histoire Héraldique.

973. Mémoires sur l'ancienne chevalerie, par de Sainte-Palaye. *Paris*, 1759, 3 *vol. in-12. v. m.*

974. Le véritable Art du Blason, ou l'Usage des armoiries, par le P. Ménestrier. *Paris*, 1674. = Les Recherches du Blason, 2ᵉ *part.* 1674. = L'Art du Blason justifié. 1661. = Le Blason de la Noblesse. *Paris*, 1683, 4 *vol. in-12. v. f.*

975. Essai sur la noblesse de France, par de Boulainvilliers. *Amst.* 1732, *in-12. v. f.* = Dictionnaire héraldique, (par Gastelier de la Tour.) *Paris*, 1774, *in-12. v. m.* = Dictionnaire héraldique, par Chevillard. = *Paris*, 1723, *in-12. fig. v. m.*

976. Etat de la Noblesse. *Paris*, 1782, 5 *vol. in-12. v. m. dont* 3 *de texte, et* 2 *de Blasons.*

977. Histoire généalogique de la Maison de Beaumont en Dauphiné. *Paris*, 1779, 2 *vol. in-fol. v. m.*

978. Theatro histor. genealogico y panegyrico della casa de Sousa, por Manuel de Sousa Moreyra. *Paris*, 1694; *in-fol. v. m. Il n'y a dans ce volume que des portraits au nombre de* 31.

ANTIQUITÉS.

Rites et usages des Peuples anciens, etc.

979. Recherches historiques et critiques sur les Mystères du Paganisme, par le baron de Sainte-

Croix; 2ᵉ édition, revue par M. Silvestre de Sacy. *Paris*, 1817, 2 *vol. in*-8. *br.*

980. Essais sur les Mystères d'Eleusis, par M. Ouvaroff, 3ᶜ édition. *Paris, Impr. Royale*, 1816, *in*-8. *br.* = Du Culte des Dieux fétiches, (par le prés. de Brosses.) 1760, *in*-12. *v. m.*

981. Mémoire sur Vénus, par Larcher. *Paris*, 1775, *in*-12. *v. m.*

982. Les Furies, d'après les poètes et les artistes anciens, par Boettiger. *Paris*, 1802, *in*-8. *br. fig. color.*

983. Histoire du Commerce et de la Navigation des anciens, (par Huet.) *Paris*, 1716, *in*-12. *v. b.* = Traité des Finances et de la fausse Monnoie des Romains, (par de Chassipol.) *Paris*, 1740, *in*-12. *v. b.*

984. De la Saltation théâtrale, ou Recherches sur l'origine, les effets, etc. de la pantomime chez les anciens, par Delaulnaye. *Paris*, 1790, *in*-8. *cart. fig. color.*

985. Nouveau Recueil historique d'antiquités grecques et romaines, en forme de dictionnaire, par Furgault. *Paris*, 1809, *in*-8. *br.*

986. Dictionnaire des Antiquités romaines, trad. du latin de Pitiscus. *Paris*, 1766, 2 *vol. in*-8. *v. m.*

987. Explication abrégée des Coutumes et Cérémonies observées chez les Romains, trad. du latin de Nieupoort. *Paris*, 1741, *in*-12. *v. m.* = Dissertation sur les festins des Grecs et des Romains, par Muret. *La Haye*, 1715, *in*-12. *v. m.*

988. I Tali ed altri strumenti lusori degli antichi Romani, descritti da F. de Ficoroni. *In Roma*, 1734, *in*-4. *vél.* = Duo perantiqua monumenta ex agro Jutrebocensi eruta, cum idolis Slavorum jutrebocensium explicuit P. J. Eckhardus. *Witembergæ*, 1734, *in*-4. *v. f.*

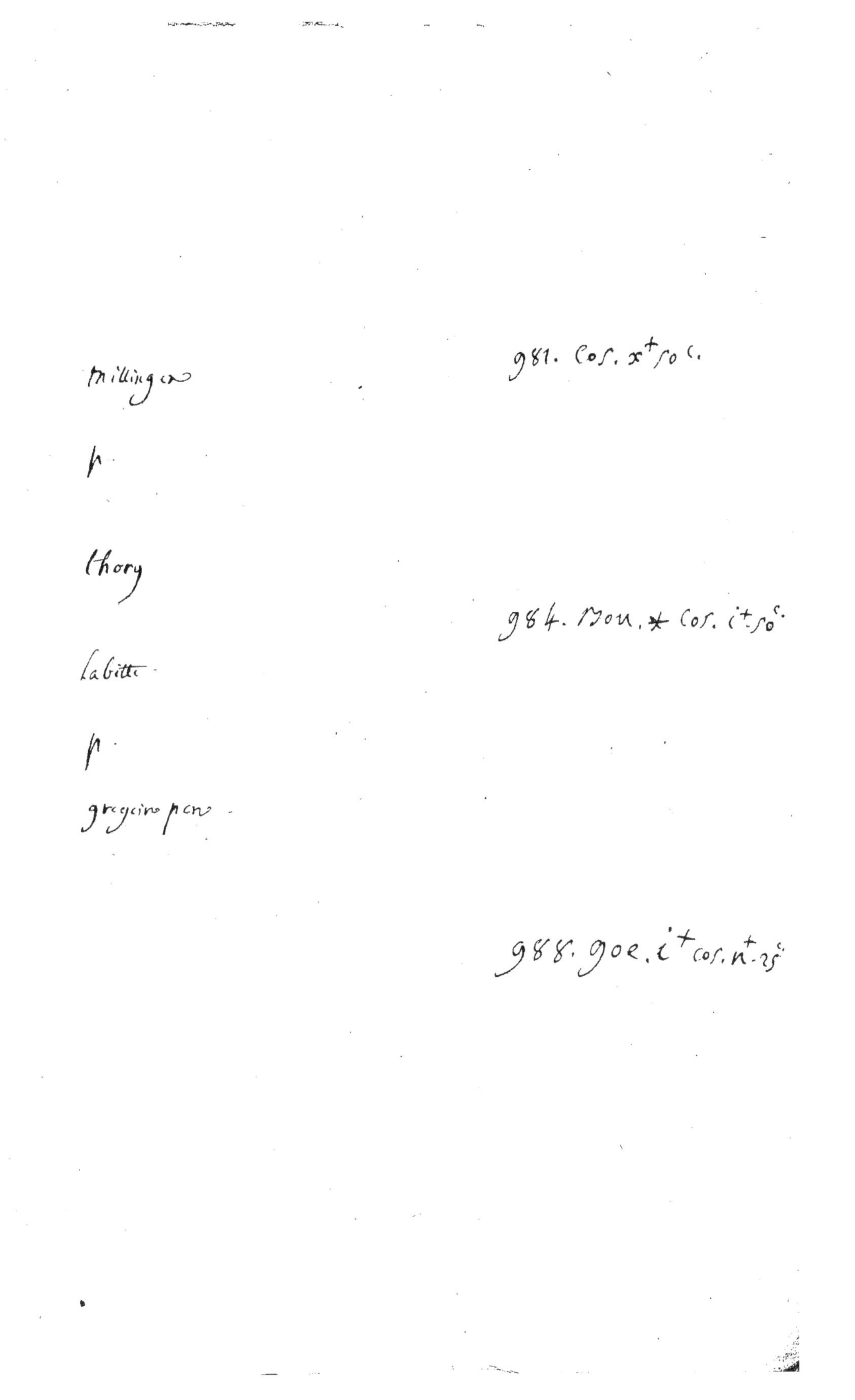

millingen

p.

Thory

La bitte -

p.

gregeine pere -

981. Cos. x^{+} so C.

984. Bou. * Cos. i^{+} so^{c}.

988. goe. i^{+} cos. n^{+} 25^{c}

991. Cor. h̄+10°.

992. Bou. Cor. x+25°.   Le Roy

                                         Millingen

994. goe. i+ cor. i+10°.

                                         Millingen
996. Cor. ai+10°.   Le Roy
997. dug. am. x2+   Regurca

989. Discurso del assiento del campo y disciplina militar de los antiguos Romanos, traduzido del francese di du Choul. *En Leon de Francia*, 1579, *in-4. fig. v. f.*

990. Inscriptionum antiquarum sylloge, auct. G. Fleetwood. *Londini*, 1691, *in-8. v. b.*

991. Deux Lettres à mylord comte d'Aberdeen, sur l'authenticité des inscriptions de Fourmont, par M. Raoul Rochette. *Paris, Impr. Royale*, 1819, *in-4. fig. br.*

992. Lettre au sujet de l'Inscription égyptienne du monument trouvé à Rosette, par M. de Sacy. *Paris*, 1802, *in-8. br. Pap. Vél.* == Lettres sur l'Inscription égyptienne de Rosette, par Akerblad. *Paris*, 1802, *in-8. br. Pap. Vél.* == Inscriptionis phœniciæ oxoniensis nova interpret. auct. Akerblad. *Parisiis*, 1802, *in-8. br. Pap. Vél.*

993. Eclaircissemens sur l'Inscription grecque du monument trouvé à Rosette, par Ameilhon. *Paris*, 1803, *in-4. fig. br.*

Histoire métallique, etc.

994. Histoire abrégée du Cabinet des médailles de la Bibliothéque du Roi, par Cointreau. *Paris*, 1800, *in-8. br.* == Utilitas rei nummariæ veteris, compendio proposita, auct. L. Debiel. *Viennæ Austriæ*, 1733, *in-8. fig. v. m.*

995. Catalogue des Médailles antiques et modernes du cabinet de M. d'Ennery, (par de Romé Delisle.) *Paris*, 1788, *in-4. br.*

996. Explication de quelques Médailles grecques et phéniciennes, par Dutens. *Londres*, 1776, *in-4. fig. cart. Pap. de Holl.*

997. Description des Médailles antiques grecques, par M. Mionnet. *Paris*, 1806, 6 *vol. in-8. br. et* 1 *vol. de planches.* == Supplément aux Médailles

F iv

grecques, par le même. *Paris*, 1819, *le tome* 1er. *in-8. fig. br.*

998. De la rareté et du prix des Médailles romaines, par M. Mionnet. *Paris*, 1815, *in-8. fig. br.*

999. Regum veterum numismata anecdota, studio F. A. de Khevenhuller. *Viennæ Aust. in-4. fig. v. f.* = Jo. Harduini de nummis Herodiadum lib. *Parisiis*, 1693, *in-4. v. m.*

1000. Traité des Monnoies musulmanes, trad. de l'arabe, par M. de Sacy. *Paris*, 1797, *in-8. cart.*

1001. Monumens antiques inédits, ou nouvellement expliqués, par Millin. *Paris*, 1802, 2 *vol. in-4. fig. br.*

1002. Découverte de la maison de campagne d'Horace, par Capmartin de Chaupy. *Rome*, 1767, 3 *vol. in-8. v. r.*

1003. Essai sur les Antiquités du Nord, par Ch. Pougens. *Paris*, 1799, *in-8. br.* = Monumens celtiques, ou Recherches sur le culte des pierres, par Cambry. *Paris*, 1805, *in-8. fig. br.*

1004. Antiquitates neomagenses, sive notitia rarissim. rerum antiquarum quas in vet. Batavorum oppido comparavit J. Smetius. *Noviomagi*, 1678, *in-4. fig. v. f.*

1005. Description du Sceau d'or de Louis xii, par Millin. *Paris*, 1814, *in-8. fig. br. Gr. Pap. Vél.* = Description d'un vase trouvé à Tarente, par le même. *Paris*, 1814, *in-8. fig. br.*

HISTOIRE LITTÉRAIRE.

Histoire des Lettres, etc.

1006. Recherches sur l'origine des découvertes attribuées aux modernes, par Dutens. *Paris*, 1766, 2 *tom. en* 1 *vol. in-8. v. m.*

1007. Histoire des Progrès de l'esprit humain dans

tequier

le Roy

p.

gregoire fils.

pluquet.

998. Lam. ait

999. Cor. p⁺-so.

1001. Cor. px⁺-so.

·1003. Cor. p⁺-so.

1004. Cor. i⁺-so.

·2005 dct.

Le Roy
Cordier

1009. Conl.

1010. Car.

girouse

Demanne

pluquet.

pluquer.

clerc

p.
malafaid.

p.

girour

les sciences naturelles, etc. par Saverien. *Paris*,
1774, 2 *vol. in*-8. *v. m.*

1008. Bibliothéque françoise, ou Histoire de la
Littérature françoise, par l'abbé Goujet. *Paris*,
1741, 18 *vol. in*-12. *v. m.*

1009. La France littéraire, (par d'Hébrail et de la
Porte.) *Paris*, 1769, 6 *vol. in*-8. *br.*

1010. L'Archiviste françois, ou Méthode sûre pour
arranger les archives, par Battheney. *Paris*,
1775, *in*-4. *fig. br.*

1011. Histoire de l'Académie royale des Inscriptions
et Belles-Lettres, par de Boze. *Paris*, 1740, 3 *vol.*
in-12. *v. m.*

1012. De gymnasio Patavino, Ant. Riccoboni com-
mentar. lib. vi. *Patavii*, 1598, *in*-4. *v. m.*

BIBLIOGRAPHIE.

Bibliographes généraux, professionaux, etc.

1013. Coup-d'œil éclairé d'une Bibliothèque, à
l'usage de tout possesseur de livres, (par Lottin
l'aîné.) *Paris*, 1773, *in*-8. *v. r.*

1014. Traité des plus belles Bibliothèques, par
Jacob. *Paris*, 1644, 2 *vol. in*-8. *v. b.* = Bibliothéque historique à l'usage des dames. *Paris*,
1785, 2 *vol. in*-8. *v. m.*

1015. Essai historique sur la Bibliothèque du Roi,
par le Prince. *Paris*, 1782, *in*-12. *v. f.*

1016. Traités historiques et critiques sur l'origine
et les progrès de l'imprimerie, par Fournier le
jeune. *Paris*, 1758, 5 *part. en* 1 *vol. in*-8. *v. m.*

1017. Origine de l'imprimerie, d'après les titres
authentiques, par Lambinet. *Paris*, 1810, 2 *vol.*
in-8. *br.* = De l'Invention de l'imprimerie, par
Jansen. *Paris*, 1809, *in* 8. *br.*

1018. Specimen historicum typographiæ romanæ xv sæculi. *Romæ*, 1778, *in-8. v. m.*

1019. Annales de l'imprimerie des Alde, avec le supplément, par M. A. A. Renouard. *Paris*, 1803, 3 *vol. in-8. br.*

1020. Notice d'un livre imprimé à Bamberg, en 1462, par Camus. *Paris, an* VII, *in-fol. br. Gr. Pap.*

1021. Description en allemand du livre intitulé : Joannis de Turrecremata explanatio in psalterium, par Zapf. *Nuremberg*, 1803, *in-4. fig. br.*

1022. Analecta litteraria de libris rarioribus, edita a F. G. Freytag. *Lipsiæ*, 1750, *in-8. dem. rel.* = Th. Bartholini de libris legendis dissertationes. *Hag. Com.* 1711, *in-12. v. f.*

1023. Bibliographie instructive, ou Traité de la connoissance des livres rares et singuliers, par G. F. de Bure le jeune. *Paris*, 1763, 7 *vol. in-8. v. m.* = Catalogue des Livres de L. J. Gaignat, par G. F. de Bure le jeune. *Paris*, 1769, 2 *vol. in-8. m. r. avec les prix.* — Bibliographie instructive, tome dix. *Paris*, 1782, *in-8. br.*
Avec quelques brochures relatives à la Bibliographie.

1024. Dictionnaire typographique, historique, etc. des livres rares, par J. B. L. Osmont. *Paris*, 1768, 2 *vol. in-8. v. m.*

1025. Dictionnaire bibliographique, par Cailleau, et supplément par M. Brunet. *Paris*, 1790, 4 *vol. in-8. v. r.*

1026. Nouveau Dictionnaire portatif de bibliographie, par M. Fournier. *Paris*, 1809, *in-8. tiré sur Pap. in-4. cart.*

1027. Manuel du Libraire et de l'Amateur de livres, par M. Brunet fils. *Paris*, 1810, 3 *vol. in-8. br.*

1028. Le même. *Paris*, 1814, 4 *vol. in-8. br.*

1029. Dictionnaire des ouvrages anonymes et pseu-

giroux

clerc   1019. Lar

idem

p

clerc   1023. Luch.

Langlois

giroux

p

p   1028 pil. p7

1031. Lam. e+

1033. Lam. p+

1034. 94.

Manque le tome 8.

1040 quat. 6.

pluquet.

tilliard.

malefaid.

clerc.

pluquet.

Denarre

p.

Dabin

Doublot.

chimot

donymes, par M. A. A. Barbier. *Paris*, 1806, *les tomes* 1 *et* 2, *in*-8. *br.*

1030. La Chasse aux bibliographes et antiquaires mal advisés, (par l'abbé Rive.) *Londres*, (*Aix*,) 1789, 2 *tom. en* 1 *vol. in*-8. *v. rac.*

1031. Répertoire de Littérature ancienne, par F. Schoell. *Paris*, 1808, 2 *vol. in*-8. *br.*

1032. Bibliotheca Juris selecta, auct. R. G. Struvio. *Jenæ*, 1743, *in*-8. *v. b.* — N. P. Sibbern Bibliotheca hist. Dano-Norvegica. *Hamburgi*, 1716, *in*-12. *v. m.*

1033. Mémoires sur la Collection des Grands et Petits Voyages, et sur la Collection des voyages de M. Thévenot, (par A. G. Camus.) *Paris*, 1802, *in*-4. *br. en cart.*

1034. Chronique littéraire des ouvrages imprimés et manuscrits de l'abbé Rive. *Eleutheropolis*, *in*-8. *br.*

1035. Esprit du Mercure de France, depuis son origine jusqu'en 1792. *Paris*, 1810, 3 *vol. in*-8. *br.*

1036. Lettres sur quelques écrits de ce temps, (par Fréron et l'abbé de la Porte.) *Genève*, 1749, 13 *vol. in*-12. *v. m.*

1037. L'Année littéraire, par Fréron. *Paris*, 1754, jusqu'en 1776, 104 *vol. in*-12. *rel. et le reste br.* Plusieurs années sont imparfaites.

1038. Bibliographie de la France, ou Journal de l'imprimerie et de la librairie, par M. Beuchot, depuis l'origine, 1er novembre 1811, jusqu'en octobre 1820. 9 *vol. in*-8. *br.*

1039. Le Conservateur. *Paris*, 1818, 6 *vol. in*-8. *br.*

Catalogues de Manuscrits, de Bibliothèques, etc.

1040. Notices et Extraits des Manuscrits de la Bibliothèque du Roi. *Paris*, *Imp. R.* 1787, *les tomes* 1 *et* 2, *in*-4. *br.*

1041. Recueil de Mémoires sur différens Manuscrits grecs de la Bibliothèque du Roi, par M. Hase. *Paris*, 1810, *in-4. cart. Pap. Vél.*

1042. Catalogue des Manuscrits Samskrits de la Bibliothéque du Roi, par MM. Hamilton et Langlès. *Paris*, 1807, *in-8. cart.* = Mémoire sur les Livres chinois de la Bibliothéque du Roi, par M. Abel Rémusat. *Paris*, 1818, *in-8. br.*

1043. Collection d'environ cinq cents vol. *in-8.* de Catalogues de bibliothéques, reliés et brochés, dont plusieurs avec les prix. Ils seront détaillés.

1044. Bibliotheca Smithiana, seu Catalogus librorum D. J. Smith, angli. *Venetiis*, 1755, *in-4. dem. rel.*

1045. Catalogue des Livres du duc de la Vallière, contenant les Manuscrits, etc. *Paris, G. de Bure l'aîné*, 1783, *3 vol. in-8. rel. en 4. avec les prix imprimés.*

1046. Catalogue des Livres de la bibliothèque du duc de la Vallière, seconde partie, par J. L. Nyon. *Paris*, 1784, *6 vol. in-8. bas.*

1047. Index librorum ab inventa typographia ad annum 1500, dispos. a F. X. Laire. *Senonis*, 1791, *2 vol. in-8. v. m.* = Catalogue des Livres de la bibliothéque (du cardinal de Loménie,) faisant suite à l'Index librorum, etc. *Paris, G. de Bure*, 1792, *in-8. v. m.*

1048. Catalogue des Livres précieux de la bibliothéque de M.*** (Méon.) *Paris, Bleuet jeune*, 1803, *in-8. br. Papier de Hollande, dont il y a très-peu d'exemplaires.*

1049. Catalogue des Livres rares et précieux de M. le comte de Mac-Carthy Reagh. *Paris, de Bure frères*, 1815, *2 vol. in-8. br.*

1041. Lam. x[+]

1043 1.er Lot de Arachis - - - - - 17..00.   1042. Lam. x[+]
2.e Lot Arachis - - . — 14. 15
3.e Lot. Arachis — - - - 3. . —   D. n de Chatcangirous
4. Lot - - - - — 7. 50.
5.e Lot 85 ou ou - - — 30. 5   Dabin
6.e Lot - 10 ou ou - — 4.
7.e Lot - 12 ou ou - - — 4. 50   D. m d. Lançon.
8.e Lot 2 cat. d. la vigne d. ... 1. 60
—————
81. 80.

1048. no.

1050. deman. hit

pierro

grgoire fils.

p.

p.

p.

p.

avec un double du n.gon
Du n° 1054.

p.

p.

1059. of. Man. it

Vies des Hommes illustres anciens.

1050. OEuvres morales de Plutarque, et Vies des hommes illustres, trad. du grec, par Ricard. *Paris*, 1783 *et* 1798, 30 *vol. in*-12. *v. m.*

1051. Les Vies des hommes illustres de Plutarque, trad. du grec, par Dacier. *Amst.* 1735, 10 *vol. in*-12. *v. m.*

1052. Les Vies des plus illustres philosophes de l'antiquité, trad. du grec de Diogène Laerce. *Amst.* 1758, 3 *vol. in*-12. *fig. v. éc.*

1053. Cornelius Nepos de vita excellentium impe-ratorum. *Parisiis, Barbou,* 1784, *in*-12. *v. m.*

1054. Cornelius Nepos, latin et françois. *Paris,* 1771, *in*-12. *v. m.* == Histoire universelle de Justin, trad. en françois. *Paris,* 1693, 2 *vol. in*-12. *v. b.*

1055. Historiæ poetarum tam græcorum quam la-tinorum dialogi x, auctore G. Gyraldo. *Basileæ,* 1545, *in*-8. *v. b.* == Pythagoræ vita, ex Por-phyrio in lat. reddita a J. Donato Ferrario. *Me-diolani,* 1629, *in*-8. *vél.*

1056. Histoire des sept Sages, par de Larrey. *Amst.* 1714, 2 *vol. in*-12. *v. b.*

1057. Les Comparaisons des Grands Hommes de l'antiquité qui ont le plus excellé dans les Belles-Lettres, par Rapin. *Paris,* 1684, 2 *tom. en* 1 *vol. in*-4. *v. b.*

1058. Les Vies des hommes illustres, comparées les unes avec les autres, par Richer. *Paris,* 1756, 2 *vol. in*-12. *v. f.*

1059. Essai historique sur Platon, par Combes Dounous. *Paris,* 1809, 2 *vol. in*-12. *br.*

1060. Vie d'Apollonius de Tyane, par Philostrate, trad. en franç. *Amst.* 1779, 4 *vol. in-*12. *v. rac.*

1061. Vie d'Apollonius de Tyane, par le Grand d'Aussy. *Paris,* 1807, 2 *vol. in-*8. *br.*

1062. Histoire de la vie de Jules-César, par de Bury. *Paris,* 1758, 2 *vol. in-*12. *v. m.*

1063. Histoire de Cicéron, par l'abbé Prévost. *Paris,* 1743, 4 *vol. in-*12. *v. m.*

1064. J. H. Meibomii Mæcenas. *Lugd. Bat.* 1653, *in-*4. *v. m.*

Vies des Hommes illustres modernes.

1065. Mémoires pour servir à l'Histoire de la maison de Condé. *Paris,* 1820, 2 *vol. in-*8. *fig. br.* — Essai sur la vie du Grand Condé, par Louis Joseph de Bourbon, prince de Condé. *Paris,* 1806, 2 *vol. in-*8. *br.*

1066. Galerie militaire, ou Notices historiques sur les généraux en chef des armées françoises, depuis la révolution jusqu'à l'an XIII. *Paris, an* XIII, 7 *vol. in-*12. *br.*

1067. Histoire des généraux qui se sont illustrés dans la guerre de la révolution, par Châteauneuf. *Paris,* 1810, 24 *part. in-*12. *br. en* 19 *vol.*

1068. Galerie historique des acteurs du Théâtre François, depuis 1600 jusqu'à nos jours, par Lemazurier. *Paris,* 1810, 2 *vol. in-*8. *br.*

1069. Histoire de Suger, abbé de Saint-Denis, (par D. Gervaise.) *Paris,* 1721, 3 *vol. in-*12. *v. f.*

1070. Vie de Louis-Balbe Berton de Crillon, surnommé le Brave, (par mademoiselle de Lussan.) *Paris,* 1757, 2 *vol. in-*12. *v. m.*

1071. Histoire de Ferdinand Alvarez de Tolède, duc d'Albe. *Paris,* 1698, 2 *vol. in-*12. *v. b.*

1072. La Vie de P. Pithou, (par Grosley.) *Paris,*

p.

plaquet.

p.

hurion

p.

p.

p.

malafaß.

p.

p

p.

1071. Conl.

malafaß.

Laloy

Laloy

1075. Concl.

p.

p.

p.

p.

1081. Concl.

Delançon

1756, 2 *vol. in*-12. *v. m.* = Mémoires sur la vie de J. Racine. *Lausanne,* 1747, *in*-12. *v. f.*

1073. Histoire de Fénelon, par M. de Bausset. *Paris,* 1809, 3 *vol. in*-8. *br.*

1074. Madame de Maintenon peinte par elle-même, (par madame Suard.) *Paris,* 1810, *in*-8. *br.* = Eloges de madame Geoffrin. *Paris,* 1812, *in*-8. *br.*

1075. La Vie de Philippe d'Orléans, (par la Mothe de la Hode.) *Londres,* 1736, 2 *vol. in*-12. *v. m.*

1076. Histoire de Maurice, comte de Saxe, par D'Espagnac. *Paris,* 1775, 2 *vol. in*-12. *v. m.*

1077. Les Confessions de J. J. Rousseau. *Genève,* 1782, 4 *vol. in*-8. *v. m.*

1078. Mémoires et Correspondance littéraires, dramatiques et anecdotiques de Favart. *Paris,* 1808, 3 *vol. in*-8. *br.*

1079. Mémoires historiques, littéraires et polit. de Bachaumont. *Paris,* 1809, 3 *vol. in*-8. *br.* = Anecdotes secrètes du XVIIIe siècle, pour servir de suite aux Mémoires de Bachaumont. *Paris,* 1808, 2 *vol. in*-8. *br.*

1080. Vie du duc de Penthièvre, par madame Guénard. *Paris,* 1803, 2 *tom. en* 1 *vol. in*-12. *v. b.* = Mémoires historiques de la princesse de Lamballe, par la même. *Paris,* 1801, 4 *tom. rel. en* 2 *vol. in*-12. *v. j.*

1081. Vie du général Charette, avec un supplément, par le Bouvier Desmortiers. *Paris,* 1809, 3 *vol. in*-8. *br.*

1082. Eloge historique du duc de Berry, par M. Alissan de Chazet. *Paris, Impr. Royale,* 1820, *in*-8. *br. Pap. Vél.*

Dictionnaires et extraits historiques.

1083. Analyse raisonnée de Bayle. *Londres, 1755,* 4 *vol. in-*12. *v. m.*

1084. Dictionnaire historique, par Ladvocat. *Paris,* 1760, 2 *vol. in-*8. *v. m.*

1085. Nouveau Dictionnaire universel, historique, biographique, etc. par Watkins, trad. de l'angl. par M. l'Ecuy. *Paris,* 1803, *in-*8. *v. j.*

1086. Examen critique et complément des Dictionnaires historiques les plus répandus, par M. Barbier. *Paris,* 1820, *in-*8. *br. Le tome* 1er.

1087. Histoires diverses d'Élien, trad. du grec, par M. Dacier. *Paris,* 1772, *in-*8. *v. m.*

1088. Valerius Maximus, cum not. var. *Lugd. Bat.* 1670, *in-*8. *v. f.*

1089. Valère Maxime, trad. en françois, par Binet. *Paris, l'an* IV, 2 *vol. in-*8. *v. r.*

ARTICLES OMIS.

1090. 64 copies de Lettres de Voltaire, datées de 1763. M. Capperonnier a écrit sur l'enveloppe les mots suivants : *Je ne crois pas qu'elles soient imprimées.*

1091. Manuscrit de la Correspondance de Grimm, pendant les années 1756 à 1779, en cahiers. ═ Pièces sans date de la même Correspondance, 141 feuillets. ═ Pièces de vers sans date, qui nécessairement doivent entrer dans la Correspondance de MM. Grimm et Diderot. 262 feuillets *in-*4.

C'est d'après ces manuscrits dont M. Capperonnier étoit propriétaire que l'on a publié cette partie de la Correspondance; toutes les enveloppes portent son paraphe.

Nous croyons que ce qui est contenu dans la 3e enveloppe n'a point été imprimé.

p.

cholæ

p

p

p   ãns regni.

Labitte.

1086. D.h.

1087. deman. xc +

1088. dug.

1090. Airnard.

1092. Marti: i2^d chateng..

R. Cretor

1092. Lettres de divers savans, écrites à M. Jean Capperonnier, membre de l'Académie des Inscriptions, professeur de grec au collége royal, et garde de la Bibliothéque du Roi, mort le 30 mai 1775.

Elles sont de MM. de Belloy, Brunck, Diderot, le père Dotteville, Fréron, Formey, Grosley, Hill, naturaliste, Maty, Meerman, Michaelis, Oberlin, le père Pacciaudi, l'abbé Raynal, J. J. Reiske, D. Ruhnkenius, sept de Voltaire, etc.

1093. A political and satyrical History of the years 1756-1762, in a series of one hundred and twelve prints. *London*, *in-12. dem. rel.*

FIN.

DE L'IMPRIMERIE DE CRAPELET.

Les Séances de Hariri, publiées en arabe, avec un commentaire, par M. le baron Silvestre de Sacy. *Paris, Imp. Roy.* 1821, *pet. in-fol. br. première partie.* .... 30 fr.
— Le même ouvrage, *Pap. Vél.* .... 45 fr.
La seconde partie est sous presse.
Mosaïques de Lyon et du midi de la France, publiées par M. F. Artaud, directeur du Musée de Lyon. *In-fol. atlant. fig. en couleurs. Les livraisons* 1 *à* 6, *à* 36 fr. chacune.
Discours sur les Médailles d'Auguste et de Tibère, au revers de l'autel de Lyon, par le même. *Lyon,* 1820, *grand in-4. avec* 12 *pl. br.* .... 12 fr.
— Le même ouvrage, *Pap. Vél.* .... 18 fr.
Antiquités de la ville de Saintes et du département de la Charente-Inférieure, inédites, ou nouvellement expliquées, avec figures, par M. le baron Chaudruc de Crazannes. *Paris,* 1820, *in-4. br.* .... 10 fr.
Arcadius de accentibus, græce, nunc primum edid. E. H. Barkerus, addita est editoris epistola crit. ad J. F. Boissonade, super rarioribus quibusdam gr. linguæ vocibus. *Lips.* 1820, *in-8. br.* .... 12 fr.
Flavii Cresconii Corippi Johannidos, seu de bellis Lybicis lib. VII. editi ex codice Mediolanensi Musei Trivultii, opera et studio Pet. Mazuchelli. *Mediolani,* 1820, *in-4. br.* 27 fr.
Ce poëme, publié pour la première fois, peut faire suite à celui du même auteur, qui se trouve dans l'Historiæ Byzantinæ nova appendix, imprimé à Rome.
Dionigi Alicarnasseo dello stile e di altri modi propri di Tucidide, dal greco in ital. recato da P. Manzi. *Roma,* 1819, *in-4. br. Pap. Vél.* .... 14 fr.
Hesychii Milesii opuscula, gr. et lat. recognovit notisque illustravit J. C. Orellius. *Lips.* 1820, *in-8. br.* ... 8 fr. 50 c.
Specimen Catalogi codicum mss. orientalium Bibliothecæ academiæ Lugduno Batavæ, edente H. A. Hamaker. *Lugd. Bat.* 1820, *in-4. br.* .... 15 fr.
Notitia Librorum manu typisve descriptorum qui donante A. T. Valperga-Calusio illati sunt in R. Tauriņensis athenæi bibliothecam, Bibliographica et critica descriptione illustravit, etc. Amadeus Peyron. *Lipsiæ,* 1820, *in-4. br.* .... 9 fr. 50 c.